JN098404

思春期の謎めいた生態の理解と育ちの支援

心配ごと・困りごとから支援ニーズへの展開
——親・大人にできること

小野善郎

福村出版

JCOPY〈出版者著作権管理機構 委託出版物〉
本書の無断複写は著作権法上での例外を除き禁じられています。複写される場合は、そのつど事前に、出版者著作権管理機構（電話 03-5244-5088、FAX 03-5244-5089、e-mail: info@jcopy.or.jp）の許諾を得てください。

はじめに

最近の思春期はおとなしくなった？——たしかに、思春期の若者たちの激しい問題は影を潜めているように感じませんか。暴走族とかヤンキー、ギャル、援助交際という言葉を聞くことも少なくなったような気がします。実際に、警察庁の統計によれば、非行少年の検挙・補導件数は２００４（平成16）年以降減少し続けていて、戦後最低になっています。

かつては校則などで禁止されていた茶髪《チャパツ》が今では社会に受容され、それだけで停学になることはなくなり、問題に対する認識が大きく変わったことも確かですが、タバコを吸う中高生の姿を見ることもすっかり減ってきました。思春期の象徴といってもよかった「非行少年」という言葉が親や学校、社会を脅かすことはなくなりつつあります。

しかし、思春期はそんなに気楽なものではありません。暴力的・反社会的な問題、つまり外から見えやすい外在性の問題は減ってきたかもしれませんが、その一方で、不登校、ひきこもり、リストカット、ゲーム・スマホ依存といった、家庭や個人の内面的な問題は少なくなく、このような内在性の問題が注目されています。これは思春期問題の社会的問題から個人的問題へのシフトであり、また思春期問題が心理的問題あるいは精神保健（メンタルヘルス）の問題として認識され対応されるようになったことも意味しています。必然的に、その対応は補導や生徒指導からカウンセリング、治療になり、かかわる人も変わってきました。

いずれにしても、今も昔も思春期の若者たちに心休まることはありません。それどころか、順調に育っている（逸脱行動や不登校などがないという意味で）と思っている子どもであっても、親は心穏やかではいられません。きちんと学校に通って勉強し、成績が良かったとしても、大学受験への不安、その先の就職、結婚……心配は尽きることがありません。大学受験が最優先の進学校の高校教育は、子どもだけでなく親も巻き込んだ競争的な生き方を余儀なくし、思春期の不安を増強しています。道を逸れずとも、まっすぐ進むのも楽ではありません。

つまり、問題の性質やその影響が変わってきたとしても、思春期には常に何かしらの問題があり、いつの時代も先の見えないリアルな不安からは逃れようがありません。それは本人だけの苦悩にとどまらず、親や周囲の大人たちも巻き込む重大な問題であり、けっして子ども自身だけで完結するものではありません。「自分のことは自分でする」という自己責任も意識させなければならないかもしれませんが、心を鬼にして突き放したとしても、残念ながら私たちの社会には若者たちのための十分なセーフティネットがありません。命綱なしの綱渡りをさせることが子育てや教育とはいえません。

そもそも穏やかではないのが思春期の最大の特徴ですが、この困難な人生の時間を生き抜いて大人になっていくためには、親だけでなくさまざまな人の存在と直接・間接のかかわりが欠かせません。そのような人間関係の中にトラブルも発生しますが、そこから力をもらったり助けられたりすることもあります。言うまでもないことですが、子どもはまだ一人では生きていけないので大人の援助は必要ですが、思春期になると親以外の大人とのつながりがとても重要になります。

それはけっして思春期の「難しい問題」に対して、医師やカウンセラーなどの専門的な支援を必要とするということではなく、とかく親に反発しがちな思春期の時期には、親にかわって支える大人が必要だということです。もし親と決別して家を飛び出して誰も支える大人がいなければ、子どもはまさに糸の切れた凧になって、どこに飛んでいくかわからなくなってしまいます。誰がその役割を担うのかは一概には決められませんが、私たち大人が悩める若者を支えていくことで、思春期の育ちを見守り、応援していかなければなりません。

今日では子どもたちの問題にさまざまな「病名」が付けられたり、「脳科学」の理論で説明されたりして、何やら難しそうで専門的な支援が必要であるかのような風潮がますます強まり、素人が入り込む余地がないようにさえ思われるかもしれません。しかし、そんな「科学的」な対応をしていったとしても、最終的にはふつうの親や大人たちのかかわりがもっとも重要になります。専門家は対応の方針を立てたり、指導や助言をしますが、子どもと直接的にかかわるのは親や学校の先生など、ふつうの大人たちなのです。

だから、私たち大人は誰も、思春期の子どもたちの育ちの支援には無関係ではいられません。「難しいことはわからない」「素人だから」と避けるのではなく、子どもたちの思いを受け止めて、自分のできる範囲で支えていくことができるようになっていただければと思います。そのために、誰もが必ず経験しているものの、すっかり忘れてしまっている思春期について、あらためて関心を持っていただいて、宇宙人のような若者の考え方や行動をどのように受け止めるかを考えてみる必要があります。そんな「ふつう」の大人の人たちが、思春期の知識を整理し、どのように理解するか、そしてどんな支援ができるのかを知っていただければと思います。

思春期は一般に中学生から高校生の年代が当てはまりますが、中学生と高校生とではずいぶん違うので同じように扱うことは無理があります。子どもの発達上の問題については、できるだけ早い段階で気づいて対処するほうが良いのは間違いありませんが、残念ながら実際に問題が起きなければ具体的な対応が始まらないのが現実です。その意味で、14、15歳ころから高校生の年代が支援のタイミングとしてとても重要になります。また、まだ大人ではないけれども、かといって子どもというわけでもない高校生は、医療や福祉では中途半端な存在として適切な支援に届かないことがよくあります。そのような事情も踏まえて、本書では主に高校生の年代に焦点を当てています。

思春期の子どもを持つ親や中学校や高校の先生だけでなく、一人でも多くの大人の皆様に思春期の育ちと支援について理解を深めていただくことで、不確かで悩みの多い若者たちのセーフティネットが少しでも広がっていくことを願っています。

小野善郎

思春期の謎めいた生態の理解と育ちの支援◎もくじ

はじめに　3

第一部　思春期の見方・考え方

第1章　思春期の生態　12

1　何を考えているのかわからない　12　2　思春期だから……　15
3　思春期の基本的要素　17　4　豊かな生態系　20
5　相互作用の反応炉　22

第2章　思春期の登場人物　26

1　一人だけでは完結しない　26　2　登場人物の広がり　29
3　思春期の社会性　32　4　親以外の大人　36
5　環境としての対人関係　38

第3章　思春期のフィールド　41

1　育ちの場　41　2　家庭の中は見えない　44

3　学校の中での思春期　47　　4　宇宙空間のような地域　50
5　発達上の現在地　53

第4章　思春期の育ち　56
1　思春期の行動　56　　2　命がけのサバイバル　59
3　思春期というリスク　62　　4　今どきの思春期　64
5　思春期の終わり　68

第二部　思春期の心配ごと・困りごと――理解のポイント

第5章　厄介ものの思春期　72
1　「問題行動」という問題　72　　2　問題行動の類型　75
3　不登校のインパクト　78　　4　心の病？　81
5　過去と未来の交差点　84

第6章　思春期の心の世界　87
1　思春期という体験　87　　2　見える風景の変化　90
3　自分への気づき　92　　4　迷い・悩み・不安　95

5　葛藤と欲求不満　98

第7章　逸脱と異常　102
1　正常な思春期　102　2　許容範囲　105
3　氏か育ちか　108　4　「正常」への期待　111
5　もうひとつの要因　114

第8章　支援のための理解　117
1　思春期の素顔　117　2　適応のひずみ　119
3　相互作用の悪循環　122　4　思春期問題の構造　127
5　問題から支援ニーズへ　130

第三部　思春期の育ちの支援

第9章　育ちの支援の基盤　134
1　「育てる」から「支援」へ　134　2　思春期の支援ニーズ　136
3　誰のための支援？　139　4　技法よりも関係性　142
5　自然な育ちの一部としての支援　144

第10章 支援に参加する 148
1 誰でも支援者 148
2 支援の連続体 151
3 役割と責任 154
4 支援ニーズへの気づき 157
5 保護因子としての支援者 160

第11章 専門的支援との連携 163
1 サービスの利用 163
2 専門的支援の意義 166
3 医療への期待と限界 169
4 中途半端な高校生 172
5 積極的見守り 174

第12章 次のステージへ 178
1 嵐が去るのを待つ 178
2 目的地の大人 182
3 育ちの支援から生きる力へ 185
4 ほどよい支援 188
5 嵐が去って…… 191

あとがき 194

第一部　思春期の見方・考え方

第1章　思春期の生態

1　何を考えているのかわからない

子どもは何をしでかすかわからないから、大人がしっかりと見守らなければ命にもかかわることがあります。幼児が異物を誤飲してあわてて病院に駆け込んだり、小学生でもちょっと目を離した隙に水遊びに夢中になって溺れてしまうこともあります。命にかかわらなくても、突拍子もないいたずらで近隣に迷惑をかけることもあります。やんちゃということだけでは済まないこともあり、親は気の休まることがありません。

まだ赤ちゃんのうちは口で言ってもわかりませんが、言葉でのやりとりができるようになる幼児期以降は、ことあるたびに口頭で注意し説教もしますが、すぐにまた問題を起こして親をさらに怒らせる結果になることもよくあります。小学生のうちは、どうしてやったのかと問いただしたとしても、それは説教の延長みたいなもので、子どもがどう説明しようとダメなことはダメで許されることはなく、子どもの意図よりも行動に関心が向けられます。

しかし、中学生になって思春期に突入してくると、さすがに大人がいつも見守って安全を確保しなければならないということはなくなりますが、行動範囲が広がり、親の目の届かないところでの行動が増えるので、親にとっては寝耳に水のような出来事に戸惑うことも出てきます。大変な問題ではなくても、日頃の生活態度や言動に対して注意すべきことはたくさんありますが、何を言っても反発したり、生返事だけでまともに聴こうともしなくなり、説教もままなりません。そんな子どもの姿に、「いったいこの子は何を考えているのかわからない」という嘆きがついつい出てきます。

思春期になると大人の心配は「何をしでかすかわからない」から「何を考えているのかわからない」にシフトしてくるように思います。昔から大人たちは折に触れて「今どきの若いやつは何を考えているのかわからん」と不満をぶつけてきました。そんなことを言うようになったら年寄りみたいと思われますが、大人から見ればまだまだ「若いやつ」の間でも、ちょっと年下の子たちに同じようなことを言っています。高校3年生の先輩が1年生の後輩たちを「近頃の1年は何を考えているのかわからない」なんて言ったりします。

大人から見ると思春期を迎えた子どもたちは、反抗や反発だけでなく、無気力でだらだらしていたり、気になることがたくさんありますが、かといって本人たちは気楽に生きているわけではけっしてありません。外からは見えなかったとしても、内面では迷いや悩みがいっぱいで漠然とした不安がずっと続いています。何かに打ち込むことで意識しないようにしていたとしても、根本的に迷い・悩み・不安から逃れることはできません。自力で乗り越えようと頑張っても、やはり大人の手助けも必要です。

しかし、大人が手を差し伸べようとしても、何を考えているのかわからないままでは助けようがありません。中途半端にわかったつもりになっても、そんな大人の態度に子どもたちは「何にもわかっていないのに、偉そうにわかったふりをするな！」と、むしろ反発することさえあります。まずはじっくりと話を聴くことが基本ですが、それだけで理解できるほど簡単なことではありません。言葉として出てくるのはほんの氷山の一角であり、言葉にできないような思いもたくさんあります。

どんなに親身になって向き合っても、言葉だけで理解することはできません。何となくわかってもらえたような安心感を与えることはできても、本当に理解するところまではけっして到達することはありません。しかし、だからといって効果的な支援ができないわけではありません。実際に、不登校の子どもたちの支援では、なぜ学校に行けないのかがわからないことのほうが多いほどです。

年の離れた前世代を生きてきた大人が、子どもの目線で理解することはどんな専門職でも不可能です。しかし、子どもの心の中を覗くことはできなくても、子どもの置かれた状況を整理することで、どんなことに苦しんでいるのか、それを和らげるためにはどこを修正すればいいのかを推定することはできます。それはむしろ子どもの世界を外から見ている大人だからこそできることでもあります。そこから子どもの支援は始まります。

2 思春期だから……

高校生たちは何を考えているのかわからないという以前に、そもそも家族とも顔を合わせることが減ってまともな会話もしなくなっては、理解しようにも情報が少なすぎます。それでも大きな問題にさえならなければ、「まあ、思春期だから……」ということで半ばあきらめ気味に見過ごしてしまいがちです。それは消極的な見守りといえるかもしれません。世間話で「うちの子もそうですよ」と言われれば、わが子だけではないと少しだけでも安心してしまうものです。

しかし、子どもが突如として学校に行かなくなるような事態になると、そんな悠長なことは言っていられなくなります。中学生は高校進学への不安が高まり、高校生の場合は欠席が続けば単位不足になって進級や卒業が危なくなるので、のんびりと様子を見ているわけにもいきません。それに加えて一日中ゲームをしていたり、スマホの画面に見入っていたり、さらにはリストカットまでするようになっては、もはや思春期もくそもありません。

何を考えているのかわからなくても、大きな問題を起こさずに学校に行ってさえしてくれていれば、家庭の緊張が高まることもなく、家族はふつうの生活を続けていくことができますが、重大な問題に対しては思春期であろうがなかろうが、とにかく問題への対処に関心が集中し、思春期固有の特性なんか気にしていられなくなってしまいます。子どもであろうが大人であろうが、すべきことはしなければならない、ダメなものはダメ——そんな絶対的な基準が前面に出てきてしまいます。そこに子どもと大人の食い違いが生じます。

大人の側からは、何を考えているのかわからないけれども、とにかく目の前の問題の解決を迫りますが、子どもにしてみれば何とかしなければと頑張っているのに何もわかってくれない大人への不信が強まり、さらに頑なになって心を閉ざす悪循環になりがちです。本来手を差し伸べてくれるはずの大人との間に溝が広がれば、子どもは孤立して苦悩はさらに深まるばかりです。そして結果的に大人が匙を投げてしまえば、支えを失って路頭に迷うことになりかねません。

あるいは「思春期だから」しかたがないとあきらめて子どもの好きなようにさせてしまえば、甘やかしになって逆に本人のためにならないと、あえて厳しく接するかもしれません。それは大人の意地悪でも暴挙でもなく、あくまでも「本人のため」という思いからのことであったとしても、そうであればなおさらのこと、子どもはそんな大人の思いに応えられない自分に対して自信を失い、自己嫌悪に陥り、さらに追い込まれて身動きがとれなくなることもあります。

しかし、どんなに大変な問題であったとしても、「思春期だから」ということはとても重要です。なぜなら、思春期の子どもたちが直面する問題の多くは、反抗、暴力、反社会的行動のような外在性の問題であっても、不登校、不安、抑うつのような内在性の問題であっても、思春期という発達段階に特有の現象として理解できるからです。思春期の特性を知ることは、この年代の子どもたちに生じるさまざまな問題の理解にとても役立ちます。悩める子どもを支えるためには、まずは思春期をしっかりと理解することが基本となるのです。

3 思春期の基本的要素

本来の思春期は身長の伸びとともに生殖機能の成熟を特徴とする身体的な成熟期で、おおむね男子は12～18歳、女子は10～16歳ころが思春期に相当します。この時期には身体的な変化に加えて、考え方や行動にも大きな変化があり、心理的な発達段階としても重要性があります。中学生によく使われる「反抗期」というのも思春期の心理的な特徴のひとつです。いずれにしても、身体的にも心理的にも大きな変化が生じる時期なので、とても不安定で不確かな時期であり、さまざまなトラブルが生じやすく、しっかりと支えていく必要があります。

思春期は第二次性徴[1]とよばれる外見上の身体的変化（といっても大体は衣服で隠されたプライ

1 思春期になって生殖腺（精巣や卵巣）以外に見られるようになる男女の特徴。男性は声変わり、筋肉の発達、女性は皮下脂肪や乳房の発達など。

ベートゾーンでの現象なので、外からは見えにくいこともありますが）や、反抗、暴力、破壊行為といった激しい行動のような可視的で具体的なイメージが強いかもしれませんが（俗に言う「ヤンキー」）、本来の思春期はもっと潜在的な要素、つまり自己の内面での変化のほうが重要で、行動にあらわれる特徴も内面の混乱から生じているものといえます。わかりやすい表面的な行動だけで思春期をとらえることには注意が必要です。

思春期の本質を一言でいうとすれば、それは不連続性ではないかと思います。思春期に起こる変化は、それまでの生き方の修正というより、根本的に違う生き方に変わるというほどに劇的なもので、思春期の前とあとではまったく違う存在になるといってもいいくらいの変化です。それはまさに「第二の誕生」（ルソー[2]）といわれるように、親に依存した生き方から、自分の考えで行動する自立した存在に変わることで、独立した一人の人間として新たに誕生するような出来事です。

それは生きる原動力の切り替わりともいえます。たとえていえば、外部電源から内部電源への切り替えのようなことです。それまでは親の直接的な援助や働きかけに頼って生きてきたのが、思春期になると自分で考えて行動するようになり、最終的には親に頼らなくても生きていけるようにならなければなりません。しかし、この原動力の切り替えは簡単にはできません。親の期待に応えるのではなく、何かにつけて自分のしたいことをしようとはするものの、いざとなると何をしたいのかがわからず、とりあえずやってみても、やっぱり違うとやめてしまったり、よくいえば試行錯誤、悪くいえば一貫性がない、優柔不断、根性がない……。そんな矛盾した様子は魔の2歳児といわれる第一反抗期とも似ています。何でも「イヤ」「自分でする」と言いながら、結局自分ではできずに親にしてもらうことを繰り返すことで自立心が芽生えていきます。

依存と自立は正反対なので、思春期のギャップは非常に大きく、とても不確かで不安定な状態にならざるをえません。この間に起きることは、考え方、価値観、行動はすべて流動的であり、必ずしも一貫性はなく最終的な完成型ではありません。ときには、それまでの生き方を完全に否定して、すべてを投げ捨ててしまい、無気力な生き方になることもあります。本当の自分を求めて、思い悩む日々がしばらく続きます。その姿は大人から見れば「無気力」「怠け」といわれてもしかたがないかもしれませんが、それこそが思春期の本質であり、そこから先の成長の課題でもあります。

子どもの発達という視点からは、思春期はそれまでの生き方がいったんリセットされて混沌とした状況の中から、自分の生き方が生まれてくるという、とても生産的な期間といえます。一人ひとりがそれぞれ独立した個性を持った存在になることで、社会の多様な構成メンバーになっていくことになります。

2 ジャン=ジャック・ルソー（今野一雄訳 2007）『エミール（中）』岩波書店

4　豊かな生態系

思春期に入ってしばらく経って高校生になるころには、一人ひとりの個性がはっきりとしてくることで、高校生たちはとても多様性に富んだ集団になっていきます。私たち大人はとかく「近頃の高校生は……」とひとくくりにして勝手に高校生のイメージを持ってしまいがちですが、同じ制服を着ていたとしても、中身までが同じであるはずはありません。あるいは私たち大人の高校生はこうあるべしというような価値観が、一人ひとりの個性を見ようとせず、私たちを「何もわかっていない大人」にしてしまうのかもしれません。

全国からさまざまな困難を抱えた生徒たちを受け入れ、ユニークな高校教育の実践で知られる北海道余市町の北星学園余市高等学校の塚原治先生は、この学校の魅力について「豊かな生態系。ジャングル……生物多様性……いろんな生徒たちがいて面白いものが生まれてくる」と表現しました。[3]「豊かな生態系」はまさにこの高校の特徴を見事にあらわしていて、他の教員たちもみんな「なるほど」と納得し、学校説明会のキーワードにもなっています。

実際にこの高校の教室を覗いてみると、金髪でピアスをした男子生徒が騒いでいる隣で、地味で真面目そうな女子生徒が黙々とノートをとっているような、タイプのまったく違う生徒が机を並べている「異様な」光景が見られます。ヤンキー、不登校経験者、発達障害と診断された生徒、進学校になじめず転学してきた生徒――実に多様な生徒たちが3年間一緒に過ごして卒業していきます。まさに豊かな生態系、生物多様性がそこにはあります。

こんな不均一な生徒たちが高校生活を続け、その中で成長していくのは、まさに豊かな生態系の恩恵で、担任を中心としたクラスの仲間との相互作用、全校で取り組む学校行事、生徒会活動、寮・下宿の先輩後輩や親代わりのような管理人との相互作用、地域の人たちとの相互作用など、学校を中心に地域社会にまで広がる幾層もの相互作用の中で成長していく姿を見ることができます。豊かな生態系は、一人ひとりの生徒の可能性を大きく広げてくれる思春期の育ちの場になっています[4]。たしかに思春期の育ちは生態学として理解できます。

こんなジャングルのような高校が当たり前の風景ではないと思われる方も多いかもしれませんが、本来は思春期真っ只中の高校生は一人ひとりの個性がはっきりしてくるので、驚くほど多様性が出てくるのがむしろ自然です。しかし、現在の高校教育は入試制度によって生徒が振り分けられることで「均質化」されたり、校則や生徒指導によって「加工」されたりしているので、これほどまでに自然な姿を見ることは難しくなっています。それでもどの高校生もさま

3　北星学園余市高等学校（2016）【教職員紹介】「私たちが見守ります!」https://www.youtube.com/watch?v=sxVT-lvRJxQ

4　詳しくは拙著『思春期の育ちと高校教育――なぜみんな高校へ行くんだろう?』（福村出版2018）を参照。

ざまな相互作用の中で思春期を生きていることには違いはないのです。

生態学なんて持ち出してくると、高校生を動物扱いしているみたいで失礼だと思われるかもしれませんが、このような考え方は社会学や心理学の分野では以前から応用されているので、けっして突飛なことを言い出しているわけではありません。生態学の考え方の基本は個体と環境との相互作用によって理解するというもので、思春期の育ちを個人の中での成長だけでなくシステムとして見るととてもわかりやすくなるというわけです。

これは何を考えているのかわからない高校生の困りごとや問題を整理して支援の方策を考えていくうえで、とても都合がよい枠組みになる可能性があります。本人の言葉での説明だけに頼るのではなく、その問題に影響している相互作用を探ることで、問題の意味づけをし、どの部分に働きかければ問題を軽減したり解決につなげることができるかの見通しを立てられる可能性が出てきます。そんな思春期の生態について理解を深めていくことはとても有用です。

5　相互作用の反応炉

思春期を生態学に見立てて説明する前に、生態学について簡単に整理しておきたいと思います。生態学（エコロジー）はもともと生物学の一分野で、生物と環境、または生物同士の相互作用を理解しようとする学問分野です。近年では地球温暖化や絶滅危惧種の保護など、環境問題への取り組みでも注目され、エコという言葉を耳にすることも多くなっています。

人間の発達についての生態学的な理論としては、アメリカの発達心理学者ブロンフェンブレンナーの生態学的システム理論が有名ですが[5]、生態学を引っ張り出すまでもなく、人間の生き方を理解するのに個人だけでなく対人関係も含めた環境との相互作用が重要な要素であることは言うまでもないことです。ましてや多感な思春期の育ちを理解するうえでは、とても有用な考え方ではないかと思います。実際に思春期の非行や問題行動に対して、本人を取り巻く相互作用のシステムに働きかけて支援するプログラムが開発されて活用されている実例もあります（たとえば、マルチシステミックセラピー[6]）。

思春期は突き詰めていけば個人の成長段階のひとつで、子どもから大人への過渡期ということになります。そこにはいくつもの課題があり、一人ひとりがそれに向き合わなければなりません。その課題とは自分で考えて行動できるようになる自律だとか、自分は何者だという自覚、いわゆるアイデンティティを確立することだといわれてきました。それはいつの時代でも同じかもしれませんが、大人としての生き方が多様化している現代では簡単なことではなく、18歳

5　ユリー・ブロンフェンブレンナー（磯貝芳郎、福富護訳　1996）『人間発達の生態学――発達心理学への挑戦』川島書店

6　スコット・W・ヘンゲラー他（吉川和男監訳　2008）『児童・青年の反社会的行動に対するマルチシステミックセラピー（MST）』星和書店

とか20歳までに、つまり思春期の間で達成できるものでもありません。ですので、思春期は全体をとおして、とても流動的であり、ダイナミック（動的）な過程といえます。

それは遺伝子によってあらかじめ決められたとおりに進む過程ではなく、与えられた環境や対人関係の経験に大きく影響を受けていくもので、たとえまったく同じ遺伝子のコピーを有する一卵性双生児でも、何もかも同じ大人に育つわけではありません。それはどの成長段階でも同じですが、思春期には行動や関心が広がることで環境的な影響の範囲も拡大し、さまざまな相互作用の影響を受けながら、大人としての生き方を模索していく重要な作業を行う期間になります。相互作用の影響は行動にあらわれ、それは目標に向かって努力する姿になったり、ときには破壊的なものになって大きなトラブルに発展することもあります。さまざまなレベルでの多様な相互作用にさらされることと、その影響が行動としてあらわれることで社会適応にも多大な影響が出やすいことが特徴になります。ただし、いいことばかりではなく、重大なリスクになることもあるので、そこが思春期の悩ましいところです。

思春期の生態系の中での成長は、多様な相互作用が反応炉の中で化学反応を起こすようなもので、その反応を親や大人が直接的にコントロールをすることはできません。でも、しっかりと観察してそこで何が起きているかを見守ることはとても大切です。それはまさに生態学の方法論そのものです。地球の環境保全も自然の生態系をしっかりと観察することから、どこにどんな働きかけをすればいいのか考えることができます。それは思春期の育ちの支援にも通じるところがあります。

思春期が子どもから大人への過渡期という意味では、昆虫が幼虫から成虫になる過程の蛹《さなぎ》によくたとえられます。蚕《カイコ》は成虫の蛾になる前に繭を作り、その中で成虫になる準備が進みます。その成虫への成長の過程は外から見ることができず、外部との相互作用は最小限で静的な成長です。しかし、人間の場合は繭がないので、この移行期の間も活発に動き、絶えず多くの相互作用の影響を受ける点で、まったく動的であることが特徴です。だからこそ、未熟で不確かな考えや行動が外から丸見えになって余計な心配が募ることになり、それこそが思春期の悩ましい問題として大人たちは気を揉みます。

思春期には勉強だけでなく、スポーツやさまざまな活動の中で目標に向かって努力していくことが求められますが、思春期としての最終的な目標は「大人になること」です。しかし、私たち人間は蚕のように首尾よく決められた道筋で一様に大人になるわけではなく、思春期の間も外部環境との積極的あるいは受動的な相互作用によって、大人への道を模索していかなければなりません。そんな不確かな大人への移行をしっかりと見守り支えていくためには、複雑な相互作用に溢れた思春期の生態を理解していくことがとても役立ちます。

生態学的に思春期は生物的環境としての対人関係と非生物的環境としての育ちの場に分けることができます。第2章と第3章でこれらの生態を構成する環境について、さらに詳しく見ていくことにします。

第2章　思春期の登場人物

1　一人だけでは完結しない

思春期に始まる身長の伸びや性ホルモンの活性化のような身体的な変化は個体としての成長なので、一人ひとりで始まる時期や進み方が異なり、同じ年齢でも思春期の特徴のあらわれ方には大きな個人差が見られます。いつ思春期が始まるのかは、まさに神のみぞ知ることなので、誰にもわからないし、ましてや本人が意識的に始められるものでもありません。医学的な理由で性ホルモンを調節することで思春期の発来を遅延させたり促進させたりすることもありますが、基本的には思春期の始まりと進展は一人ひとりのタイミングとペースで進んでいく、きわめて個人的な出来事といえます。

しかし人間の場合には、思春期は身体的な成長ということだけではなく、心理的あるいは社会的な成長がとても重要で、そのことで思春期はより複雑になり、個人の成長というだけではおさまらない問題になってきます。人間は「社会的動物」とか「社会的存在」とかいわれるように、社会を形成し、その一員になることが求められ、思春期においても社会に適応していくこと、すなわち「社会化」ということが思春期のもうひとつの重要な課題になります。社会のルールを身に付けて適応していくことができるようになるという意味では「社会化」は「しつけ」と同じことと思われるかもしれませんが、「しつけ」は親や大人が教え込ませるものであるのに対して、「社会化」は人間として成熟することで獲得していくもので、まさに育ちの結果であり、思春期の育ちの課題といえます。

身体的な成長は個人の中での出来事であるのに対して、心理社会的な成長は社会、すなわち他者との関係の中での出来事となるので、一人だけではどうしようもありません。それは必ずしも誰かの援助を必要とするということではなく、思春期の成長には自分以外の他者の存在が必要だということを意味しています。そうなると、思春期の成長と発達は一人ではけっして完結しないということになります。

「社会」という言葉は「世間」とほとんど同義語として使われることが多く、家族に守られた家庭を「内」だとすれば、玄関を出た先の「外」のことが「社会」と認識されがちです。つまり、空間的な意味としての「社会」です。しかし、思春期に求められる社会化は、ただ単に家から外に活動を広げていくということではなく、そこで他者との何らかの関係性を持つことを意味します。他者との相互作用（やりとり）ができると、そこには必然的に社会的役割が発生してきます。たとえば、友だち同士、先生と生徒、先輩と後輩など、社会の中での相対的な関係性が生まれてきます。そのシステムこそが前章で説明した生態系です。

このような社会的な関係性が持てずに、家の中に閉じこもっている状態は「ひきこもり」といわれて思春期の問題としても関心が持たれています。かつて「社会的ひきこもり」とよばれていたように、「ひきこもり」は社会性の病理ともいうべきものですが、この言葉の普及の過程で、家から外（つまり空間的な社会）とつながらないことと拡大解釈される傾向が見られます。しかし、社会性の本質は対人関係なので、家から出るかどうかよりも他者との関係の有無が重要なのです。

「ひきこもり」というと社会化の真逆で、まさに他者の存在がない孤独な状態なので、これこそは一人で完結しているかと思われるかもしれませんが、具体的な対人的活動がなくてもけっして一人だけで生きているわけではありません。たとえ家から出ることができずに、家族以外の誰とも会わない日々が続いていたとしても社会との関係がないわけでなく、それどころか社会を意識するからこそ苦しいわけです。社会化の程度は人それぞれで、社交的で多くの人との交流がある人もいれば、一人でいるほうがいいという人もいます。しかし、どちらにしても一人だけでは完結しません。

思春期の対人関係というと、いじめや友だち関係のトラブル、親や教師との対立のようなネガティブなものも多いかもしれませんが、その一方で、感受性豊かな若者は他者から直接的・

間接的に大きな影響を受け、それがその先の生き方を左右していくポジティブな側面もあります。生態学的システムとして見ると、対人関係は思春期の育ちの重要な環境であり、一人ひとりの環境をしっかりと理解することは支援の基本的要素になります。

2 登場人物の広がり

子どもの成長は対人関係の広がりの歴史ともいえます。生まれてすぐの母親との出会いから始まり、さまざまな立場や関係性の人たちが登場することで、一人ひとりに固有の生態系ができあがっていきます。

いちばん初めの対人関係である母親との関係、すなわち母子関係は、一人ではまったく何もできない赤ちゃんが生存するために絶対に必要なもので、子どもの側から見ると、まずは母親との関係があって、それ以外の人（父親も含めて）は母親の知り合いという位置づけにすぎません（何らかの事情で母親が養育できない場合は、それにかわる大人（主たる養育者）が必要となります）。ですので、もっとも早期の子どもの対人関係は、ほぼ母子関係だけとさえいえます。このような生存に必須となる母子関係がうまく機能するために重要になるのが、愛着（アタッチメント）といわれる機序です。

愛着は英国の児童精神科医ボウルビーが提唱した理論的概念で、特定の他者との間の緊密な情緒的きずなと定義されています。愛着にもとづく母子関係は、子どもにとっての最初の信頼できる大人との対人関係であり、そこが子どもにとっての「安全の基地」となることで、そこから対人関係を広げていくことができるようになるので、社会性の発達の基盤として重要です。それは乳幼児期だけにかぎったことではなく、もはや親から直接的な世話は必要としなくなる思春期になっても、やはり対人関係や社会性の基盤として機能しているので、思春期の育ちの支援においても親への愛着はとても重要な要素になります[7]。

愛着だけにかぎらず、妊娠中も含めた早期の成長には母親の影響はとても大きいことは言うまでもありません。しかし、そのことが母親に過大な責任感やプレッシャーを与えることにもなります。実際に、子どもに何か問題（病気や障害も含めて）が明らかになると、多くの母親は「私の育て方のせいでしょうか？」と自分の中に原因を探ったりします。主な登場人物が母親だけの段階では、その影響がとても大きいことは確かですが、だからといってすべてが母親の影響で説明されるものでもありません。

子どもが成長して行動範囲が広がるにつれ、登場人物も増えていきます。まずは父親や兄、姉などの同居している家族が登場しますが、それは子どもにとっては最初の試練になります。それまでは自分だけのための母親だったのが、家族の中で別な人間関係もあらわれてくると常時母親を独占できなくなります。この時点で、何も言わなくても母親が世話をしてくれるパラダイスは崩壊し、母親を引きつける努力をしなければならなくなります。それこそが愛着にもとづく行動（愛着行動）で、子どもの社会性の最初期の形でもあります。

子どもの対人世界は祖父母などの親族や両親の友人、知人などの大人へと広がり、さらに保育集団に入るようになると、多くの子どもや保育士など、登場人物は一気に増えていきます。近年の保育所不足の問題が象徴しているように、保育を利用する親が増え、さらに保育を始める年齢も低下しています。それは子どもにとっては社会化の始まりやペースが速くなっていることを意味しています。あとで述べるように、思春期が長期化して大人になるのが遅くなる一方で、子どもが社会にデビューするのは早くなっているのが昨今のトレンドといえます。

さらに小学校に入学すると、子どもの対人世界は大きく広がり、とくに同年齢の子どもが周囲にたくさん登場するようになります。もちろん、同級生だけでなく、上級生や、さらにはきょうだいの友だち、野球やサッカーなどのチームメイト、その他の習い事や地域の活動などで、面識のある人物はどんどん増えていきます。ただし、思春期までの対人関係の基盤は愛着にもとづく親子関係であることが重要なポイントです。愛着が安定していることで子どもは対人世界を広げていくことができますが、その一方で、この段階での子どもの対人関係は基本的には親の管理下にあるともいえます。

7 愛着については拙著『思春期の子どもと親の関係性——愛着が導く子育てのゴール』（福村出版 2016）を参照。

思春期になると、さらに行動が広がり、登場人物も増えていくと同時に、個々の関係性の強さや重要性の違いがはっきりしてくることで、そこからの影響も変わってきます。また、親から離れて行動できるようになるので、親がよく知らない登場人物が増え、親の管理下からより主体的な対人関係に発展していきます。このように、対人関係の広がりにおいても不連続性が見られ、親の側からはそれまでとは違う心配が生じ、そこから親子の対立に発展することもあります。

3　思春期の社会性

中学生から高校生にかけての思春期には、毎日学校に登校しているかぎり一定の社会性が求められ、そこでさまざまな人――同じクラスの仲間、同学年の仲間、部活動の仲間、先輩、後輩、教職員など――との関係性が必然的に生じます。それは全体的に見ればあまりにも当たり前の光景ですが、必ずしも自分自身が積極的に築き上げた対人関係とはかぎらず、受動的あるいは義務的な関係もあり、いいことばかりでもありません。義務教育である中学校だけでなく、今では高校も行かないわけにはいかないので、思春期の全期間をとおして学校生活に関連する登場人物との関係は不可欠なものになります。

思春期には親へのあからさまな反抗が見られなくても、親との距離が物理的にも心理的にも広がると同時に、「友だち」とのつながりが強くなるのが一般的です。そのため、考え方や嗜好、行動や態度など、あらゆる面で友だちからの影響が強まり、その反動として親の影響が弱まっていきます。親子の距離が広がること自体は発達的には正しい方向ですが、親子の関係が切れるわけではありません。しかし、親への反抗や反発が強くなり、親も逆ギレして子どもから手を引いてしまえば、親子関係の土台である愛着に危機が迫ります。

一般的に多くの親たちは、思春期の成長には友だちが重要であると認識していて、友だちからの「悪い影響」を心配する一方で、友だちがいなければいないでとても心配するものです。親に反抗したり無視したりするような態度に苛立ちながらも、「いつまでも親ばかりに頼っていては……」と友だちへの傾倒を肯定する傾向が見られます。親への愛着が弱まったところに友だちが入り込むと、本来大人に向けられるべき愛着が友だちに向かう「仲間指向性」とよばれる愛着の倒錯が起こることがあります[8]。思春期の友だち関係が否定されるものではありませんが、あくまでも親子関係が土台になければ、まさに「悪い影響」ばかりになるおそれが高くなります。親子の葛藤は高まりますが、親をとるか友だちをとるかという二者択一にならないように気をつけなければなりません。どんなに反抗的で手に負えない子どもであっても、思春

8　ゴードン・ニューフェルド、ガボール・マテ（小野善郎、関久美子訳　2014）『思春期の親子関係を取り戻す――子どもの心を引き寄せる「愛着脳」』福村出版

期にはまだ親は子どもから手を引くわけにはいかないので、そこにさまざまな「問題」が起こることになりますが、それは自然な思春期の宿命であり、そこに向き合っていくのが親の役割であり責任です。

いずれにしても、思春期には子ども同士の関係、つまり仲間関係が大きく変化し、多様化していきます。子どもたちの仲間関係は、児童期の後半は同じ遊びを一緒にする集団が特徴的ですが、思春期に入ってくると同じ趣味や興味、クラブ活動などを通じて親しくなる仲良しグループが生まれ、仲間とそれ以外がはっきりと区別されるようになります。また、集団的な仲間関係に加えて、とくに強い結びつきを持つ「親友」や異性との交際のような、より親密かつ個別的な関係も生まれ、登場人物のキャラクターもよりいっそう豊富になっていきます。

その一方で、友だち関係もいいことばかりではありません。思春期になると他者からどう見られているかがとても気になるようになり、それまであまり気にしなかった自分と他者との違いに敏感になります。自分に対する意識、すなわち自意識を持つようになることはやはり思春期の成長の証ですが、それは社会性に大きな影響を及ぼし、とくに同じ年齢の友だち関係や学校適応に苦労することが増えてきます。同じようなタイプの仲間に帰属することで、とりあえず「他の子と同じ」ということで不安を抑えることができるので、その意味でも仲間との関係は重要になります。それでも一人になれば、やはり不安は消え去ることなく、自分自身になかなか自信を持つことができない日々が続きます。そしてたいていは、自分について悩めば悩むほど自己否定的になって、自己嫌悪や劣等感（コンプレックス）に苦しみますが、それが強い人ほど誰かに話すことができず、自分の中にため込んで悩むという悪循環に陥りやすい傾向が見られます。

多様な仲間関係が混在する集団での学校生活に適応するためには、微妙なかけひきや気配りも必要になります。グループに所属することで集団内での居場所ができる一方で、グループ内では他の仲間と合わせていかなければならない心理的圧迫（ピアプレッシャー）があり、仲良しでありながらも一定の緊張関係が伴います。仲間からの排除は居場所を失うだけでなく、いじめの対象になるような危険さえあります。とくに女子の場合は集団への帰属意識が強い傾向があるので、積極的に排除されなくても、グループに属さずに孤立することも許されず、教室に居づらくなることもあります。

思春期の不確かで不安定な子どもたちが集まる集団は、大人社会のような年齢や役職のような組織構造がないために（よくいえば平等ですが）、理不尽な支配―被支配関係や力の逆転、排除や差別が生じやすい素地があります。このような対人関係の「危険な不安定さ」も思春期の生態系の特徴です。

4　親以外の大人

高校生たちの生活は、思春期というよりも青春時代というほうが、対立や挫折もあるかもしれないけれども、どこかドラマチックで感動的なイメージが強くなるかと思います。そんな青春の日々といえば友情や恋愛が定番ですが、つまりは仲間関係に目が向きがちです。さらに、親への反抗、学校や社会への反発が加われば、大人との対立構図が前面に出てくるので、ますます大人を排除した若者だけの世界で生きているようなイメージが強くなります。

しかし、対立的な関係であったり、不信感を抱いていたとしても、思春期には大人との関係性は仲間関係と同じくらい、あるいはそれ以上の重要性があり、けっして脇役のような存在ではありません。いくら親に反抗的であっても、まだ自立していない段階では親との関係性は不可欠で、なくなることはありません。ただし、それまでの関係と違うのは、自立の準備段階として、直接的な依存関係から間接的あるいは心理的なつながりが主になっていくところです。

親への依存あるいは親の支配から離れることは、大人の助けを必要としなくなることではなく、これから大人の世界に入っていくためには、大人とのかかわりや先輩としての大人からの助言や支援はますます重要になっていきます。つまり、思春期までは大人の役割は主に親が担ってきたのに対して、思春期以降は親から離れていく分だけ、親以外の大人の役割が大きくなるということです。

毎日学校で日中のほとんどの時間を過ごす子どもたちにとっての、親以外の大人としては学校の教職員がいちばん身近な存在になりますが、教職員にもさまざまな立場があり、学級担任だけでなく、各教科の担当教員、部活の顧問、保健室の養護教諭、さらには校長や教頭など、多様な関係性があります。また、教員以外にも事務職員や用務員、スクールカウンセラーや売店のおばちゃんなども親以外の登場人物となります。授業や学校活動でのかかわりだけでなく、休み時間などに気軽に話せる「非公式な」関係性も貴重な大人との相互作用になることもあります。

家庭や学校以外の地域社会にもさまざまな大人とのつながりがあります。塾の先生や家庭教師、スポーツをしている場合はチームの監督やコーチ、さまざまな習い事の先生たちがいます。よく利用する店の人や髪の毛を切ってもらう理容師・美容師、ふつうの生活の中で顔見知りになる大人もいます。さらにアルバイトをしたり地域のボランティア活動などに参加したりすれば、幅広い年齢の大人たちと一緒に過ごす経験もできます。もちろん、なかには「危ない」大人もいるので注意は必要ですが。

また、直接的な関係ではありませんが、テレビや映画、雑誌などのメディアに登場する人たちも思春期の登場人物といえます。俳優、ミュージシャン、タレント、スポーツ選手、そして最近ではユーチューバーも影響力が強くなってきています。インターネットやスマホの普及によって、思春期の生態系は実際の対人関係だけにとどまらず、間接的さらには仮想現実の関係性もこれまで以上に影響力を持ち始めています。

5　環境としての対人関係

子どもが育つ生態系には、発達段階に応じて多様な人物が登場し、直接的・間接的な相互作用を介して子どもの成長に影響を及ぼしています。ただ単に身体的に成熟して大人になるだけでなく、社会性を獲得していくことも求められる思春期の育ちにおいては、対人関係はとても重要な環境的要因になってきます。愛情豊かな両親の下で、良い友だちや良い先生に恵まれて育つことが、子どもにとっていちばん良い環境だと思うものです。子どもが育つ環境としても、子どもの対人関係はとても気になるものです。

思春期のさまざまな人との出会いは、自分の世界を広げ、新たな可能性を広げるとてもポジティブな意義があると同時に、親が心配するような「悪い友だち」や「危険な人物」によって性格が一変してしまうような側面もあり、まさに出会い次第で生き方が変わるほどの影響があります。ただし、何が「良い」とか「正しい」とか、さらには「幸せ」なのかは、きわめて主観的な価値判断であり、たいていは親と子どもとでは大きな食い違いがあるもので、それが子どもの親や大人への反発の大きな要因にもなります。

そのような世代間の価値観の違いによる対立や反発も含めて、思春期の悩みや苦痛、大人の側から見た「トラブル」など、いわゆる思春期の問題は、対人関係の相互作用の影響、つまり本人と環境との相互作用から理解することができることが多いので、育ちの支援においてもとても重要な要因となります。生態系というシステムの中では、直接的な相互作用だけでなく、それ以外の相互作用の間接的な影響も見ていくことが大切です。たとえば、友だちとのトラブルでも、当事者同士の二者関係だけでなく、他の友だちとの相互作用や、さらには親との相互作用のような別な場面での相互作用まで、多くの要因が影響している可能性があります。

このような対人的な相互作用の影響は、双方の立場や役割の中で利益になったり不利益になったり、つまり利害関係が生じることになります。それはときとして学校を退学したり受験に失敗したりするような、子どもの命運を分ける影響を及ぼすこともあります。とくに、子どもはまだ大人に依存した存在であり、親だけでなくさまざまな大人の支配を受けていることから、大人たちの利害関係に左右されることも多く、問題行動の理解や支援においてはそれぞれの大人の立場や利害についてもしっかりと認識しておく必要があります。

このように考えていくと、子どもを取り巻く対人関係は思ったよりも広く、ともすれば見逃してしまうような人たちも、それなりに影響を及ぼしていて、支援に際しては「使える」資源になる可能性もあります。たしかに対人関係の広がりにはリスクも伴いますが、すべてのリスクを避けて「カゴの鳥」にしてしまえば成長のチャンスを失います。思春期の豊かな生態系は混沌としたリスクの塊のように警戒されることもありますが、親への愛着をベースとした大人との関係がリスクに対する保護因子になります。思春期の対人世界は仲間関係が主役になりがちですが、育ちの環境としては親と大人との関係性をしっかりと見ていくことが大切です。

第3章　思春期のフィールド

1　育ちの場

子どもが成長する生態系では、生物的環境としての対人関係とともに、非生物的環境としての育ちの場も、環境因子として大きな影響力があり、思春期の育ちの理解においても重要な要素になります。家庭や学校の対人関係だけでなく、そこで生活し活動する場としての条件や特性も非常に多様性があり、さまざまな相互作用が子どもの育ちに影響を及ぼします。

子どもが生まれたときの母子関係から始まって、母親以外の家族や仲間集団へと対人関係が広がっていくとともに、生活の場も広がっていきます。子どもが生活する場所は、子どもにとっては生活の営みの場であると同時に成長の場でもあり、生態学的にいえばフィールドです。子どもの生活の場の広がりは、フィールドのバリエーションが増えていくことであり、さまざまなフィールドを経験していくことで、子どもの適応能力が高まり、社会化が進んでいきます。

したがって、対人関係と同様に、育ちの場にも多様性が重要です。

子どもの育ちの場は、まずは家庭がもっとも基本的で、まさに家庭はベースキャンプとして、大人として自立するまでの土台ともいえる場です。第2章で説明した対人関係の発達の基盤となる愛着は、愛着の対象（一般的には母親）が「安全の基地」となることで子どもが世界を広げていく力となりますが、家庭もまた同じような役割を持つ具体的な場といえます。したがって、乳幼児期にかぎらず、どの発達段階においても家庭の重要性が変わることはありません。

子どもが育つ環境としての家庭は、物理的な空間としての住居というだけでなく、その立地や近隣の特性、家族構成、親の職業や収入、生活スタイルや教育観など、多くの要素が含まれていて、単純なタイプ（たとえば、核家族とか大家族）だけで理解できるものではなく、なかなか厄介な代物です。また、子どもの育ちとともに、家庭も「成長」して変化していくので、流動的な性質があることにも注意する必要があります。

育ちの場は、成長とともに家庭から保育所や幼稚園、さらには学校へと広がり、それ以外にも地域の中で子どもが活動する場はどんどん広がっていきます。環境としての対人関係は、たとえば子どもは母親や父親を選ぶことができないように、所与のものとして受け入れざるをえない側面が強いのに対して、育ちの場は選択の余地が少し広いように見えます。保育所や幼稚園だけでなく、最近では小学校も保護者が選択して希望する学校に入れようとすることもあります。中学校から高校へと上がるにつれて、学校の選択はまさに子どもの将来を決めるほどの意味を持つようになり、そのために親だけでなく子ども自身も努力を求められます。

環境としての家庭や学校については、このあとさらに詳しく見ていきますが、子どもは家庭だけでなく、学校や地域社会という場でも生活して成長していくためには、それぞれの場にうまく適応しなければなりません。しかし、言うまでもなく家庭と学校とではまったく環境が違い、適応のしかたも変わるので、子どもは異なる適応スキルをうまく身に付けていく必要があります。幼児期に保育集団になかなか入れない子どもや、学齢期の不登校は、特定の場への適応がうまくいかない現象といえます。

子どもにかぎらず大人の場合でも、場によって態度や振る舞い、言葉遣いが変わるように、同じ人間なのにまったく違うキャラクターのように見えることもあります。それは適応するためのとても重要なスキル（技術）で、場によってうまく使い分けることで、オン・オフのメリハリをつけることは健康のためにも重要です。あまりにも違いが大きすぎると「多重人格」ではないかと心配になるかもしれませんが、環境としての場の影響はそれほど大きいことの証拠ともいえます。

子どもの行動の問題を評価していくときにも、場は大きな意味を持っています。たとえば、家庭ではふつうに話せるのに学校では声を出せないという選択性緘黙《かんもく》は、従来から場面緘黙とよばれてきたように、まさに場が作る症状です。また、多動や不注意を主症状とする注意欠如・多動症の診断には、症状がふたつ以上の場面で認められなければなりません。このように、場によっては「病気」と思われるほどの行動を見せることもあるので、子どもを理解するためには、場との関連性について常に意識することが大切です。

2　家庭の中は見えない

家庭は子どもが育つ場として、どの発達段階においても影響力が大きいので、子どもを理解するために、家庭についての情報は不可欠であり、きわめて重要であることは言うまでもありません。思春期のさまざまな問題についても、たとえそれが学校や地域でのトラブルであったとしても、家庭の要因が無関係であることはありません。したがって、子どもの支援者にとって、家庭環境や生育歴を詳しく知ることは、基本中の基本です。

しかし、結論から先にいうと、どんなに子どもと親に深くかかわり、実際に家庭に何度も足を運んで、詳しく話を聞いたとしても、他所の家庭の本当の姿を知ることはできないのが実情です。それは支援者の努力や能力が足りないからではなく、おそらく家族の一員であったとしても、正しく理解することができないほど、個々の家庭というものは奥深く、簡単には理解できないものだからです。もちろん、だからといって家庭を理解する努力をするのは無駄だというわけではありません。大切なことは、外から見た家庭の印象や勝手な先入観で、「この家庭は放任だ」とか「教育熱心だ」とか、安易に決めつけないことです。ましてや、親の職業や家族構成だけで判断できるものでもありません。

それよりも、家庭の本当の姿は外からは見えないということを率直に認めたうえで、謙虚に向き合うほうが、支援に際して協力関係が重要になる保護者とも良い関係が構築できて有益です。子どもの気持ちをわかったふりをしてもかえって信頼感を損なうのと同じように、家庭についてもわかったつもりになることは、何の利益にもなりません。多くの場合は、親からの情報を頼りにしますが、協力的な親であれば詳しく言葉で説明してくれるので、気持ちを言葉であらわしてくれない子どもよりは理解できそうに思うかもしれませんが、それは家庭のほんの一面にすぎず、それだけで家族を理解したつもりになるのは慎重でなければなりません。また、母親の話と父親の話とではまったく違う家庭に見えるかもしれませんが、それはどちらかが正しく、どちらかが間違いだということではなく、情報提供者によってまったく違う姿になる可能性があることを示唆しています。

そもそも家庭は究極のプライバシーの塊のような場なので、その内情を世間にオープンにするものではなく、また他人が勝手に入り込んでいいものでもありません。とりわけ、プライバシーが重視され、さらには個人情報の取り扱いが厳しくなった現在では、近隣同士でも互いの家庭についての理解はかなり限定的であることがふつうになっています。子どもと毎日接している小学校の担任の先生ですら、プライバシーの壁を越えることはなかなか難しく、もっとも基本的な情報（たとえば親の職業）さえわからないこともあります。

外から家庭が見えにくいことのもうひとつの要因として、それぞれの家庭はユニークなものであり、同じ家庭はふたつとないので、簡単に類型化してとらえることができないということがあります。家庭のあり方は時代や社会的背景によって変わり、国や地域によっても異なるので、基本型や「正解」のようなものはありません。家族構成や血縁関係などの家庭の構造だけでなく、家族内での役割分担、日常生活の様式、さらには宗教や価値観のようなものまで、本当に多様性があって一言で言いあらわせるようなものではありません。

そんな外から見えにくい家庭だからこそ、私たちは既存の概念に当てはめて類型化して無理矢理わかったつもりになろうとしがちです。それが「ふつうの家庭」という概念です。もっとも単純な家庭の類型化として、私たちは「ふつう」か「ふつうではない」という二分法で評価することがよくあります。そこには「ふつうではない」家庭に対する潜在的な偏見があることに気をつけなければなりませんが、もともと多様な家庭に「ふつう」などという基準や標準型はなく、それこそ私たちの体に染み込んでいる常識的な家族観のあらわれであり、あまりにも現実からかけ離れた「ふつう」は差別や偏見の源泉になって危険ですらあります。

子どもの育ちの要となる家庭だからこそ、そこに先入観や偏見を持つことに注意しなければなりません。ましてや支援の中で「ふつうの家庭」を押し付けても何にもなりません。大切なことは、家庭の情報を集めることではなく、家族との関係を持つことで、支援の機会を持ち続けることです。

3 学校の中での思春期

現代の思春期は学校とは無縁ではいられないばかりか、思春期の育ちは学校に支配されているといっても言いすぎではないほど密接な関連があり、学校は場合によっては家庭以上に影響があることさえある、とても重要なフィールドです。

現在では、子どもたちは日中のほとんどの時間を学校で過ごし、学校のない生活は考えられません。2020年3月から6月にかけて、新型コロナウイルス感染症（COVID-19）の感染拡大への対応として全国的に学校が休業したことは、子どもだけでなく保護者にとっても大きな混乱を招きました。子どもたちの学習の機会が失われる危機感だけでなく、子どもたちの日中の居場所の危機でもあり、学校があることを前提とした保護者の生活にも影響が及ぶ広範な危機を経験しました。このことは、現在の学校は単に教育の場というだけでなく、生活の場でもあることをあらためて私たちに示しています。

日本の学校教育は、制度的には6歳から15歳までの9年間が義務教育として保障されていますが、実際にはほぼすべての中卒者が高校に進学するので、少なくとも18歳までは学校教育にとどまるようになっています。このことは子どもの発達的な面からは、子どもたちは思春期の全経過を学校の中で育つということを意味しています。つまり、現在の思春期は完全に学校教育に取り込まれたために、結果的に学校というフィールドの重要性が高くなったというわけです。

もともと思春期は何かと問題が顕在化してくる時期ですが、学校教育に取り込まれたことで、本来の思春期の問題なのか、学校適応や学力のような学校の問題なのかがごちゃごちゃになってわからなくなっています。なおかつ、この時期の子どもにとって受験は将来を左右する一大事だとすれば、思春期の育ちということよりも学校教育のほうが優先順位が高くなることで、相対的に思春期の問題への関心が下がってしまいがちです。第1章で説明したような「思春期だから」という見方は出る幕もなく、「高校生だから」という見方に主役の座が奪われてしまいました。

それは子どもを発達的に相応に見守る見方を失って、必要な育ちの支援を妨げる可能性があります。「高校生だから」という見方は、学力や受験での目標を達成するという指向性になるので、大人社会のような成果主義に支配され、結果責任が求められる競争的な環境にさらされることになり、現にそうなっています。それはけっして難関大学を目指す「偏差値の高い」受験生だけでなく、単位が足らないと焦っている高校生でも同じです。出席時間を満たし、試験に合格しなければ卒業できないし、落第したとしてもそれはあくまでも本人の自己責任という厳しい現実が突き付けられます。しかし、それはもうすぐ大人になる高校生には大事なことだと思う人も多いかもしれません。

学校は社会の縮図だという人もいます。大人として社会に出る前に、学校でできるようにしておかないと大変だと、子どものことを思って厳しくする先生もいます。しかし、そもそも学校というところは、実は社会の中でも飛び抜けて異様な世界で、地域社会との類似性がほとんどありません。社会にはさまざまな年齢や立場の人がいますが、学校では同じ年齢の集団で、さらには社会と隔離された閉鎖的な場になっています。そのため、学校への適応は特殊な能力であり、必ずしもそれがそのまま社会に通用するものではありません。それどころか、学校から社会に出るためにリハビリが必要なくらいです。

学校は実際には子どもが育つ場であっても、制度上は教育の場なので、どうしても教育の機能が前面に出ることで、思春期の育ちへの配慮を堂々としにくい事情があります。ましてや、義務教育ではない高校にそれを求めるものではないという人も多いことでしょう。その結果、子どもの育ちのニーズとのミスマッチを起こすことがあり、子どもの多様性が大きくなる思春期にはさらにズレが大きくなる現実があります。最近では、高校教育のほうが柔軟に対応することで、育ちの場としての機能も出てきつつあります。それでも家庭の理解と同じように、大人たちの常識的な学校観は根強く残っているので、先入観や固定観念にとらわれないで学校の現状を見ていくことが、子どもの支援ニーズを理解するためには大切です。

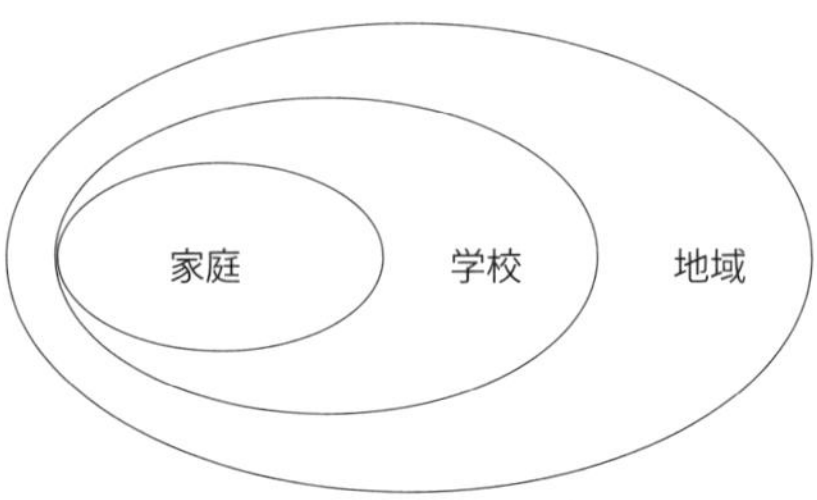

図1　家庭－学校－地位の構造

4　宇宙空間のような地域

子どもが育つフィールドは、もっとも基本的な家庭を中心にして、その外側に学校と地域社会が広がる構造になっています。もっとも、学校も地域社会の中のひとつの要素ではありますが、前項でも述べたように、子どもの生活は家庭から学校に直結していて、学校が社会への経路になっているので、家庭の外のほとんどは学校とつながっている少しいびつな構造というのが実態に合っているかと思います（図1）。さらに、子どもたちの家庭外での生活の大部分を学校生活が占めているので、地域とのつながりは弱くなっている現実があり、地域の役割や機能はわかりにくくなっているように思われます。

子どもの育ちの場としての地域というと、昔から地域特性に関心が持たれてきました。山の手の高級住宅街とか下町の長屋とか、地域（地区）はそれぞれの特徴で区別され、暗黙の価値観が共有され、ときには差別的な偏見が持たれることもありました。たしかに町並みからイメージする地域性は、子どもの育ちに影響があることは間違いありません。「良い環境」で子どもを育てたいと住む場所を選ぶ親もいるように、大人の価値観が反映しますが、子どもにとっては地域そのものよりも学校との結びつきのほうが強いので、地域の影響も学校を介して出てくることになり（校区という地域）、この部分についても学校に吸収されています。

住んでいる地域は目に見える具体的な空間ですが、もうひとつ目に見えにくい地域（コミュニティ）というものもあります。こちらは場というよりは、共同体といわれるように価値観や機能を共有する人のつながりというもので、抽象的でわかりにくいかもしれません。最近では、このような地域が失われつつあり、結果として隣近所の人たちとのつながりが薄くなったといわれています。そのことがさらに地域への意識を低下させているのかもしれません。

歴史的には、地域というのはほとんど宗教と重なり合うところがあり、現在でもたとえばユダヤ教を信仰するユダヤ人は世界中でユダヤ人コミュニティを形成して生活しています。キリスト教のコミュニティでは、日曜日の教会に学校とは別の社会がはっきりと存在していました。子どもが成長して大人になるということは、本来は就職して経済的に自立するということ以前に、まさにコミュニティの一員になること、それは伝統的な社会では共通の宗教に帰依することでした。しかし、日本では仏壇と神棚が共存できるように、宗教的寛容性が高いので、それにかわって伝統やしきたりが中核になり、お祭りやイベントが拠りどころになっていたりします。しかし、子どもたちにすれば、日常的にコミュニティを意識することは少ないかもしれません。

そうなってくると、私たちが生活している地域というのは、はっきりとした特徴のない、まさに無味無臭の空気のようなもののように感じてしまいます。それに加えて、個々の家庭がそれぞれの価値観とスタイルで近隣のしがらみにとらわれることなく、プライバシーを守って生活するようになると、地域は空洞化し、家庭と家庭との間に何も存在しない宇宙空間のようになっていきます。家庭でもなく、学校でもない地域という場は、子どもたちにしてみればどちらの重力からも解放された、まさに宇宙空間のような無重力状態で、自由な場としての意味も出てきます。それはときには家庭や学校に居場所を失った子どもたちの逃げ場になったり、またあるときには自己表現や発散としての逸脱行動の場になったり、思春期の問題の重要な舞台としての意味もあります。

その一方で、家庭や学校の支配を逃れた無法地帯という暗い側面だけではなく、家庭と学校に支配された育ちの中で、それ以外の価値観や生き方、そして人と出会うとても貴重な場という建設的な側面もあります。その意味では、宇宙空間のような地域社会は、既成の価値観に縛られない、無限の可能性を秘めた育ちの場といえるかもしれません。

5 発達上の現在地

思春期の育ちを理解するうえで、空間的な場とともに時間的な場、すなわち子どもから大人へと成長していく時間軸上の位置ということも重要な要素になります。子どもから大人に移行する思春期の間に、子ども自身が見ている周囲の風景は大きく変わるだけでなく、周囲の人たちの子どもの見方もずいぶん変わります。自分では今までと何も変わっていないと思っても、いつのまにか役割や責任が重くなったり、反対に自分ではもっと任せてもらいたいのに、子ども扱いをされているようで不満だったり、自分自身と周囲との微妙なタイミングのズレが、適応の妨げになることもあります。

思春期の始まりや終わりの時期は、単純に年齢だけで決まるものではなく、一人ひとりの成長のペースによって差がありますが、子どもたちの育ちは年齢で規定された社会的枠組みに従わなければなりません。たとえば、満6歳になった次の4月1日に小学校に就学しなければならず、そして満12歳になれば中学校に入学しなければなりません。当然のことながら、発達のペースによって体格や能力には個人差があったとしても、それが就学の時期を変える理由にはなりません。同様に、高校受験や大学進学、就職など、否が応でも一年ごとに歩を進めていかなければなりません。

私たちはともすれば学年が上がっていくことを子どもの成長ととらえ、その階段を順調に上っていくことが正常な発達と思い込んでいるので、子どもの発達的な現在地を学年であらわすことにとてもなじんでいます。中学3年生といえば受験生、高校受験を連想し、15歳という年齢でどんな成長段階にいるのかを考えることはなかなかありません。15歳にしては幼いなと思ったとしても、だからといって高校受験を1年先に延ばすことなど考えもしません。ましてや高校受験は人生の岐路であるかのような重大問題なので、思春期の迷いや悩みなどと付き合っているヒマはないことでしょう。

高校生になると、大人としての生き方につながる重要な自己決定が次々に求められてきます。しかし、自分自身がまだよくわからないうちに、そんな人生の重大な判断をするのは無理で、強いて決めたとしてもそれで絶対に間違いないと自信を持つことなどできません。高校生の時期は、まさに自分と向き合って、あれやこれや試行錯誤しながら、行きつ戻りつしながら迷うのが仕事といってもいいのですが、ここでも学校のペースはのんびり時間をかけて悩む余裕を与えません。さらに最近の進学校は何もかも前倒しで、高校に入ったかと思えば、具体的な志望校を決めることが求められ、立ち止まって考える時間さえありません。そんな高校生活を送っていると、いつのまにか自分が今、子どもから大人への道筋のどのあたりまで来ているのか、本来であれば今何をすべきなのか、あるいはまだ無理なのか、そんなことはまったくわからなくなってしまいます。それは大人へと向かう大切な行程で道に迷うような、とても不安であるばかりか危険なことでもあります。

学校に支配された思春期では、順調に学年を上っていき進学や就職を達成すれば大丈夫だということになりますが、そのわかりやすい道筋が、一人ひとりの成長の現在地を見るという視点を奪い、ときには成長を阻害したり、自立のタイミングを誤らせたりする危険があります。とても大切な思春期の育ちを支えるためには、一人ひとりの現在地を知ることが大切になります。

第4章　思春期の育ち

1　思春期の行動

多様な対人関係や生活場面で、さまざまな相互作用の影響を受けながら興味や活動を広げていく営みは、まさに思春期の育ちの過程そのものです。それはとても複雑な反応過程なので、すべてを解明することはとうてい不可能です。そのわかりにくさゆえに、私たちは子どもたちに対して「何を考えているのかわからない」という戸惑いを抱かざるをえなくなってしまいます。そのわかりにくい育ちの過程こそが思春期の本質なのですが、子どもたちを動かしている動機や理由は外からは見えないし、本人の言葉でもうまく説明できないので、謎めいたまま不安や苛立ちが募りがちです。

私たちが実際に見ている思春期は、つまるところ生態系の中での相互作用の最終産物である行動です。思春期を象徴する反抗や反発も行動として表現されたもので、その行動に対して親や大人たちは反応します。その行動には動機や目的があるはずですが、それを理解するよりも、目の前の行動にばかり気が向いて、言い争いになったり、感情をぶつけ合ったりしてしまうものです。つまり行動は思春期の具体的でわかりやすい表現型であり、私たちは行動として表現された思春期を受け止めて反応しているわけです。複雑でわかりにくい思春期を理解して支援するために、行動はとても重要な手がかりです。

まだ言語的な表現が未熟な子どもは、自分の気持ちや考えを言葉で伝えることができず、それが情緒的な混乱としてあらわれてきます。幼児であれば、ことあるたびに泣いたりかんしゃくを起こしたりで親はずいぶん苦労します。小学生になると、だいたいのことは言葉で表現できるようにはなっても、強いストレスがかかった状態が続くと身体的な訴えが出てくることがあります。お腹や頭が痛いと訴えたり、気持ち悪いと嘔吐したり、さらにはトイレが近くなる(頻尿)、ぜん息が出たり、蕁麻疹《じんましん》が出たりすることもあります。これらの身体症状の訴えは心理的な要因によってあらわれるもので、身体化という現象です。

思春期になってもやはりストレスにうまく対処できないと身体化が起きることはありますが、次第に行動として表現される行動化が優勢になってきます。ストレスや欲求不満が身体症状としてではなく、行動にあらわれてくるのも思春期の特徴のひとつです。小学生と比べれば格段に言葉での表現は増えてはきても、やはり自分でうまく対処できないことも多く、さらには対人関係や自分自身に対する悩みも加わることで、そんなどこにも行き場のない気持ちが行動として表出されます。それは攻撃的で破壊的な行動だったり、学校や社会の規範に反するような行動だったり、あるいは無気力になったり、不登校になったりするのも、外から見える行動変化の一型といえます。

危なっかしい行動も多いので、できればおとなしく過ごしてほしいと思いますが、残念ながらほとんどの大人たちは何か具体的な問題がないと、なかなか気づいてくれません。だからこそ、行動化がはっきりとしてくる思春期は、大人になる前の段階で、一人ひとりの子どもが抱える問題に気づいて、支えていく絶好の機会にもなるのです。あらわれ方は一人ひとり違いますが、思春期の行動は育ちのアラームとして見逃さないようにしなければなりません。

思春期には激しい行動が目立ちますが、ちょっとした微妙な行動変化にも注意が必要です。さらには、あるべき行動がないことも重要なサインになります。「うちの子は反抗期がなくて手がかからなかった」ということもよく聞きますが、「ない」というのも、本当にないのと気づいていないだけとふたとおりあります。ボーッとしていると見逃してしまう行動もあるので、日頃から感度を鈍らせないようにしなければなりません。思春期になっても、何かあれば言葉で言ってくるからと待っているだけでは、助けを求められずに苦しむことになります。高校生になっても言葉への過信は危険です。

2 命がけのサバイバル

思春期の行動といえば、思春期を象徴する反抗や反発だけでなく、乱暴で無鉄砲な行動など、相手や周囲の人たちに危害が及んだり、あるいは自分自身の身体が傷ついたり、ときには命を落とすかもしれないようなこともあります。行動範囲が広がり、活動が活発になる思春期は、ただでさえ危険が高まり、どこで何をしているのか、心配し始めればきりがありません。学校で問題を起こして謹慎処分を受けたり、警察に補導されたり逮捕されたりするようなことにでもなればおおごとです。

いくら思春期に危なっかしい行動が出てくるといっても、命の危険まで持ち出すのはあまりにも大袈裟で心配しすぎと思われるかもしれません。ましてや、思春期は若くて健康的なイメージもあって、死を現実的に考えることは少ないかもしれませんが、実は思春期の行動は生命を脅かすことさえある重大な問題でもあるのです。

小学生から中学生にかけての年代は人生の中でももっとも死亡率の低い時期で、年間の死亡率はだいたい10万人あたり7、8人くらいで推移していますが、思春期に相当する15～19歳の年齢階級になると死亡率は19・7人とほぼ倍増し、成人の死亡率にぐっと近づいてきます。しかし、思春期の死亡は病気よりも行動に起因するものが圧倒的に多いという点で、成人の死亡とは異なる特徴があります。具体的には、いちばん多いのが自殺、次いで不慮の事故（交通事故を含む）となっており、この上位ふたつの死因が全体の3分の2を占めています。性別では男性の死亡数は女性のほぼ倍になりますが、女性の場合も死因の順位は同じで、自殺と不慮の事故といった行動に関連した死亡が特徴的です[9]。

　前途ある高校生の自殺には本当に心が痛みますが、死には至らなくても死にたいと思うこと（希死念慮）や実際に死のうとすること（自殺企図）は思春期には少なくありません。このような自殺に関連する行動は、もっとも深刻なリスク行動のひとつとして注意していかなければなりません。また、交通事故や溺水《できすい》、転落なども典型的な思春期のリスク行動であり、どの子どもにとっても身近な危険としてやはり注意しておかなければなりません。

　この他にも、飲酒や喫煙、違法薬物の使用、妊娠や性感染症のリスクが高い性的行動、リストカットのような自傷行為、あるいは拒食や過食のような食行動など、死には至らないとしても心身の健康に重大な影響のある行動も思春期に多く出現してきます。これらの行動は思春期の間の健康を害するだけでなく、成人後の健康にも深刻な影響を残すことが多いので、思春期の間だけの問題では済まないところもあり、より長期的なリスクになる行動といえます。

　思春期のこのような危なっかしい行動、つまりリスクの高い行動は、個人の問題であると同時に、思春期という発達段階に特有のリスクを反映した問題でもあり、やんちゃな子どもだけでなくすべての子どもたちのリスクといえます。

そもそも未熟な発達段階で社会化の途上にある思春期は、自分の行動を制御することができず、してはいけないことがわかっていてもしてしまうことがあります。つまりブレーキがきかずに失敗することがあります。3、4歳の幼児ならしかたがないと思っても、高校生にもなれば「そんなこともわからないのか」と呆れることでしょう。でも、それができないのが現実で、行動を制御する脳の働きの成熟は20歳過ぎまでかかるので、高校生はまだブレーキが完成していなくてもおかしくはないのです。そんな甘いブレーキのまま活動性が高くなれば、危なっかしい行動が出ても不思議ではありません。

もうひとつの思春期のリスクとして、移行期のリスクがあります。つまり、思春期は子どもから大人へと移行する過渡期に相当し、比較的短い期間に大きく変化するので、どうしても不安定になります。自分が不確かで、迷いや不安に支配された状態では、行動も不安定になり、判断を誤ったり、怪しい誘いに乗ってしまったり、まさに地雷原を進むような危険が待ち受けています。こんな危険な移行期は短いに越したことはありませんが、そうかといって無理矢理大人になることもできません。

このように、思春期の危なっかしい行動は、とんでもないことをしでかす個人の問題としてだけでなく、行動上のリスクが高い時期としても理解しておく必要があります。しかも、この

9　厚生労働省（2018）「平成30年（2018）人口動態統計」による。

リスクの高い思春期を避けて大人になることはできないという悩ましさがあります。

3　思春期というリスク

思春期はリスクの高い時期であり、そのリスクも行動としてあらわされるので、やはり思春期の理解と支援では行動をしっかりと見ていくことが大切になります。ただ、現実的にはリスクの高い行動に直面すると、その行動の背景や動機を探ることよりも、とにかくその行動を抑えることばかりに躍起になって、さんざん説教したり、反省させたり、さらには何らかのペナルティを与えてけじめをつけたりするものです。それはそれで大切なことですが、やはり思春期の問題としての見方や対応も必要です。

思春期のリスク行動には、他者に危害を加えたり、学校や社会のルールを破ったり、あるいは法律に触れるようなものもあるので、たしかに「思春期だから」ということで大目に見たり許されたりするものではありません。発達レベルに相応の責任を求めることで、社会化を促すとともに、さらなる問題を未然に防ぐことは支援としても重要です。しかし、家庭、学校、地域という場面によって、つまり所属集団によってルールや基準は違うところもあるので、一貫性がないことで、より反発が強まって指導がうまくいかないこともあります。高校生だからとか、校則だからということだけでは、納得できないことがたくさんあって、何を言っても素直に受け入れられないこともあります。

いくら厳しい規則で管理しても、厳罰で脅しても、それでも溢れるばかりのエネルギーと活発な好奇心は、たとえリスクがあることとわかっていても、衝動を抑えきることはできず、失敗したり大変な目に遭ったりすることはなくなりません。失敗から学ぶことが多いのも確かですが、大きな代償を払うことがあることも忘れてはなりません。なかには大人になったらこんな馬鹿なことはできないからいまのうちにと確信犯的に無茶をすることもありますが、失敗したり被害が出たりしたら、「若気の至り」で済まされることではありません。

そうはいっても、親や教師の言うことを聞き、規則をしっかりと守り、誰にも注意されることがないように振る舞うだけが、思春期の正しい行動とはいえません。自分の限界を超えて一歩踏み出すことがなければ成長はありませんが、未経験の行動には必然的にリスクが伴います。もしすべてのリスクを回避してしまえば、もっとも安全かもしれませんが、そんな育ちには1ミリの成長もないばかりか、何よりもそんな退屈な毎日を送ることは耐え難いに違いありません。もうエネルギーが枯渇しかけた大人ですら耐えられないことでしょう。

思春期の行動を見ていくときに、リスクという考え方がとても重要になります。リスクとは危険という意味ですが、危害や損害などのおそれ、可能性をあらわすもので、これから先を予測する前方視的な概念です。子どもたちはまだ自分の行動がどんな結末になるかを予測する力が未熟なので、リスクがわからなくてもしかたありません。それを補うのが大人の役割ですが、思春期は大人が管理しきれないところでリスクを冒すようになるのが厄介です。

大人が子どもの行動のリスクをしっかりと見極めて安全を確保することは大切ですが、リスクの評価は価値判断ではないことに注意する必要があります。つまり「良い」「悪い」という価値判断は結果から見たもので後ろ向きの概念です。良かれと思ってやったことでも結果が悪ければ失敗と判断されるような結果を基準とした判断になり、必然的に自己責任論になります。子どもの行動に対して、このような説教はよくあることですが、高校生にもなれば理非善悪の価値判断はとっくにできているので、いまさら言ってきかすことでもありません。わかっていてもやってしまうところに問題があるわけです。必要なことはリスクの意識を持つことができるようになることで、大人が子どもの行動を見るときにも価値判断だけでなくリスクをしっかりと評価して支援に活かしていくことが大切です。

4　今どきの思春期

子どもから大人へと大きく変化していく思春期には、ときには命にかかわるほどのリスクが伴うことは必然的であるという現実からは逃れられません。このリスクの高い時期を生き抜いていくことが思春期の育ちであり、それはいつの時代でも変わりません。さらにいえば、人間だけでなくすべての動物にも共通した思春期の本質でもあります。子どもから大人への移行はリスクの高い道のりなのです。

それでもやはり生きている時代や社会によって大人への道のりも変わってくるので、今日の前の子どもの育ちを支えていくためには、現在の思春期の実態とその育ちへの影響について知っておく必要があります。大人たちは誰もみな思春期を経験してきているので、自分の経験で理解したり納得しているところがありますが、実際には子どもが大人になるまでの道のりは大人たちが気づかないうちに大きく変わっていて、まったく現実にそぐわないものになっていることもあります。子どもの育ちをしっかりと見守るためには、子どもたちが実際に育つ今現在の思春期について知る努力が必要です。

思春期の育ちにもっとも大きな影響を及ぼしているのは学校教育であることは間違いありません。とくに、高校には入学者選抜制度（いわゆる入試）があることで、中学生の時点で人生の岐路に立たされ、厳しい能力主義と競争原理の洗礼を受けます。もっとも、少子化がどんどん進行している現在では、希望しても高校に入れないということはほとんどありませんが、受験勉強をしないと高校に入れないという常識は根強く残っています。高校入試はすでに限られた席を分配する「選抜」の役割を終えているにもかかわらず、義務教育ではない高校教育を象徴する儀式として残り、中学3年生に本来不要なプレッシャーを与え、とりわけ不登校状態の子どもと親を苦しめる要因であり続けています。

高校から先の道のりもずいぶん変わってきています。一般論としては、高卒で就職する人がどんどん減り、大学や専門学校といった高等教育に進学する人が増え続け、その結果、社会人としてのデビューが遅くなる傾向が見られます。つまり、学校教育の期間の延長に伴って大人への移行期としての思春期も長期化しているということになります。教育が充実し普及していくことはいいことかもしれませんが、その一方で、思春期の長期化はリスクの高い時期が長くなることを意味するので、いいことばかりではありません。

高校と同様に大学にも入学者選抜があるので、やはり受験勉強をしなければなりませんが、現在では大学への入学の間口は驚くほど広くなっており、大学進学の機会は保障されているといってもかまわない状況といえます。難関大学といわれる大学に合格するためには早い段階から修行のような受験勉強に専念しなければならないかもしれませんが、その一方で推薦入学やＡＯ入試が増加し続け、大学受験の事情は親の世代とは様変わりしています。さらには学歴のアドバンテージ（たとえば大企業への就職）も低下し、大学ランキングも猫の目のように目まぐるしく毎年変動し、ひと世代前とは様相は一変しています。いい大学に入ればいい会社に入れるという単純な人生設計はもはや過去の幻想にすぎません。

従来から大学受験は大人への道の入口と考えられ、どの大学のどの学部に入るかで人生が決まると考えられてきたので、高校生の進路選択は重要な作業でした。それは今でも変わりませんが、はっきりとした目的やビジョンを持てないまま進学する人たちが増えてきています。「とりあえず大学に行く」というのは無責任な甘えのように思われるかもしれませんが、必ずしもそうではなく、何がしたいのかが見つからないので、大学に進学してからさらに考えていくという進路の先送りといえます。進路が決まるまで高校卒業を延ばすわけにはいかないので「とりあえず」進学するしかありません。

なかなか将来の生き方が見えてこないのは、「今どきの高校生」の問題というよりも、子どもたちが育つ社会の影響によるものです。それは自由の重圧といえるかもしれません。現在では子どもの生き方は子どもに完全に委ねられるようになり、その傾向はますます強くなっています。ほとんどの親は子どもに自分の期待を押し付けることは「悪」ととらえるようになり、子どもの自由な意思を尊重するようになりました。それ自体はけっして悪いことではありませんが、まだ知識も経験もない子どもが自分の生き方を見つけることは簡単なことではありません。かといってこればかりは誰かに決めてもらうわけにはいかず、悩みは深まるばかりです。

自分の生き方を見つけるということは、従来から思春期の課題とされてきたアイデンティティの確立、つまり自分を見つけることとつながりますが、社会や親の縛りがなくなり自分の意志で自由に決められるようになった現在では、それは18歳や20歳で見つけられるものではなくなっています。自分探しの迷宮に迷い込んでしまうと思春期の出口が見えなくなり、終わりのない思春期を彷徨《さまよ》うことになりかねません。それは本来の思春期以上に苦しい道のりになるかもしれません。そんな今どきの思春期の苦労も知っておくことが大切です。

5　思春期の終わり

危なっかしい行動や重大な問題に直面する思春期は、そこにかかわる大人たちにとっても悩ましい時期です。できれば思春期なんかパスしてほしいと思うこともあるかもしれませんが、ここを通らなければ大人の世界には到達できません。何ごともなく素直で順調に過ごしているように見える高校生もいますが、それはあくまでも外見上のことで、内面では多くの葛藤や不安を抱えています。リスクの高い思春期が平穏無事であることは望むべくもなく、本人だけでなく親や周囲の大人も不安な毎日を送らざるをえません。

思春期はそんな苦悩の真っ只中で、先の見えない不安に苛まれるかもしれません。目の前の問題に気を取られていると全体が見えなくなることはよくあります。そんな悩ましい思春期に向き合っていると、思春期は人生の中の一時期であることを忘れてしまい、さらに先の見えない不安に襲われがちです。しかし、思春期はあくまでも人生の一時期であり、永遠に続くものではありません。つまり、思春期は有期限なので、この期間を乗り越えれば何とかなるものなのです。

しかし、すでに述べたように、学校に支配された今どきの思春期は、学校生活が基準になることで本来の発達上の課題が見えにくくなり、思春期の終わりが見えにくくなっています。本来は高校生の間（17、18歳）に思春期的な考え方や行動が弱まって大人の世界への親和性が高まりますが、学校の世界では高校生のままで、さらには進路が決まらないままでは大人の世界などまだまだ先のことに見えても当然です。

私たちが見誤ってはいけないのは、思春期の終わりは学校を卒業するような具体的な基準を達成するようなものではなく、基本的には時期がくれば自然に終わるものだということです。逆に、具体的な結果、たとえば就職して経済的に自立することで思春期が終わるものだとすれば、私たちはいつまでも若者を半人前の子どものように扱い続けることで、自立を妨げることになりかねません。

では、思春期の終わりとは何なのかというと、それは思春期の子どもから大人への過渡期という定義からいえば大人になったときということになります。では、大人になるとはどういうことかというと、それは思春期が終わったときということになり、まさに鶏が先か卵が先かという循環論法になってしまいます。ましてや、大人としての生き方が多様化している現在では、大人と認める基準はますます曖昧になっているので、思春期の終わりも具体的に示すことが難しくなっています。強いていえば成人式をもって大人と認めるというように、やはり一定の時期で定義することになります。

思春期の始まりと同様に終わりにも個人差がありますが、だいたい17、18歳ころに日常生活の中で最近ちょっと変わってきたなという節目が見えてきます。それまで子どもの視点から大人に対して反抗・反発していたのが、急に大人の視点で話ができるようになります。徐々に変わるというよりは「ある日突然」という感じなので、これもやはり不連続的です。まだ進路を迷い、一人では何もできないように見えても、このような節目を思春期の終わりととらえて、かかわり方も変えていく必要があります。いつまでも子ども扱いにならないように注意しなければなりません。

思春期の終わりを意識することは、支援においても重要です。つまり、思春期の支援のチャンスは限られているということです。リスクが高いだけではなく可能性も大きい思春期という時間を大切にしなければなりません。どうしても受験や就職のような将来のことに目が向きがちですが、「今」をしっかり支えていくことが未来につながることを忘れないようにしなければなりません。

第二部　思春期の心配ごと・困りごと

——理解のポイント

第5章　厄介ものの思春期

1　「問題行動」という問題

思春期に突然のようにあらわれてくる行動や態度の変化に、親や周囲の大人たちは戸惑い、心配し、あるいは腹を立てたり、それまでとは違う緊張感や不確かさを経験します。そのような変化の中には、子どもの成長を感じるポジティブなものもたくさんありますが、あまり好ましくないものやできればやめてほしいネガティブなものもあります。そして、私たち大人はどうしてもネガティブなものに目を向けることが多く、その結果、心配ごとや困りごとが思春期には大きくなってくるように思います。

そんな思春期の心配ごと・困りごとを象徴するのが「問題行動」ではないでしょうか。前章でも説明したように、思春期は行動化によって特徴づけられるので、「良い（善い）」行動であろうが「悪い」行動であろうが、行動からの気づきや理解がとても重要になります。残念ながら、私たち大人は平穏無事な生活が続いているかぎり「良い（善い）」行動には気づきにくく、当たり前のこととしてスルーしてしまいがちですが、平穏な日常がぶち壊されるような「悪い」行動が出てくると事態は一変して緊張が高まります。そんな「悪い」行動の総称が「問題行動」ですが、子どもに目を向けるきっかけになるという点では、とても重要な意味があり、少なくとも支援の観点からは必ずしも「悪」とはいえないところがあります。

「問題」というのは本来「悪い」「望ましくない」という価値観に加えて「厄介」「トラブル」というような感情的な意味も含まれています。たとえば、思春期の代名詞ともいえる親への反抗は、基本的には親との感情的対立で、反抗の対象となる親にとっては厄介なものでトラブルを引き起こしますが、必ずしも「悪」とはいえません。もっとも日本の伝統的な社会では、「親に向かってその態度はなんだ！」と許容されるものではなかったでしょうが、現代社会ではそんなことを言えば火に油を注ぐことになりかねません。

一般的に思春期の「問題行動」といえば、暴力や反社会的行動のような非行や少年犯罪に関連するもののイメージが強く、地域社会では青少年健全育成の取り組みが続けられ、学校では生徒指導の中心的な課題になってきました。これらは「悪い」行動の典型ですが、最近ではスマホやゲームへの依存のような生活態度や習慣についても問題行動として関心が持たれるなど、時代や社会の状況によって問題の内容も変わり、必ずしも普遍的な行動のカテゴリーともいえません。

しかし、いつの時代でも変わらないのは、「問題行動」というのは大人の視点からの「問題」であって、その行動をしている本人の「問題」とはかぎらないということです。ですので、その行動に大人たちが心配し困っていたとしても、当の本人は少しも困っていないどころか、むしろ楽しんでいることさえあったりして、両者の問題意識には大きなギャップが生じることも少なくありません。それはどちらが正しいかということ以前に、そもそも視点が違うということを意味しています。つまり、「問題行動」というのは大人の価値観を反映したものであり、それが大人から見た思春期のイメージになっています。

この「問題行動」という大人の視点が、子どもの理解を妨げて支援が空回りしてしまう要因にもなります。大人の価値観に基づく「問題行動」は、しつけや指導の対象になり、支援の要素が薄まってしまいます。さらに、行動の結果に関心が向けられることで、行動の背景や意味を理解する見方が弱まってしまいがちです。そもそも本人も気づいていない困りごとが行動にあらわれていることも多いので、「問題」として対処されることで重要なＳＯＳのサインが見逃されてしまいます。

「問題」はただ単に「解決」すればいいというものではないことにも注意しなければなりません。それどころか、思春期の育ちと支援の主役といってもいいほど重要な役割を持っていることを常に意識していく必要があります。

自閉症を発見したアメリカの児童精神科医カナーは、子どもの行動（症状）の意味について、

「厄介者」と表現しました。子どもの行動は何か危機が迫っていることを大人に知らせるSOSのサインで、それは大人にとって厄介であるほど助けが得られる可能性が高くなります。子どもにとって問題行動は重要なのです。ただし、それは支援のきっかけにすぎず、問題行動だけで子どもの心に何が起きているかはわかりません。それは芝居のチケットのようなもので、そのチケットで劇場に入ってみなければわからないとカナーは注意しています[10]。

2　問題行動の類型

私たちが暗黙のうちに子どもに対して求めている行動基準は、「ちゃんとしてほしい」というう曖昧なもので、要するに大人を心配させず、手を煩わせないでいてほしいというものではないでしょうか。しかし、子どもであるかぎりは大人の世話を受ける必要があるので、そんな大人の要求を満たすことはありえません。そのため、どんな子どもも大人の求める行動基準をすべてクリアすることはできないので、「問題行動」と無縁ではいられません。

そんな大人の都合で問題とされる行動はきわめて多岐にわたり、内容だけでなく程度やその影響の幅もとても広く、「問題行動」とひとくくりにできるようなものではありません。行動

10　レオ・カナー（黒丸正四郎、牧田清志訳　1980）『カナー児童精神医学　第2版』医学書院

をきっかけに子どもを理解して必要な支援をしていくためにも、子どもの行動上の問題について少し整理しておきたいと思います。

子どもの問題行動の大きな枠組みとして、外在性問題行動と内在性問題行動に分類することができます。外在性問題行動には、暴力や物を壊すといった攻撃的行動、非行、多動、かんしゃくなど、他者とのトラブルを引き起こすような行動が含まれ、内在性問題行動には、不安や抑うつ、ひきこもりのような自己の内面での問題が含まれます。外在性問題行動は外に向かって表出されるので誰にでもわかりやすいのに対して、内在性問題行動は外からは見えにくく気づかれにくいのが特徴です。

行動化が目立つようになる思春期には、外在性問題行動が顕在化し、さらにその影響も家庭内にとどまらず学校や地域社会にまで及ぶようになります。このような問題行動は、社会的には非行や少年犯罪、学校では生徒指導上の問題として対応されますが、精神医学では素行の問題（conduct problems）という症状として分類整理しています。これらはお互いに重なり合うところがあるので、子どもの問題行動のコンセンサスといえるかと思います。

素行の問題には、①人および動物に対する攻撃性（いじめ、けんか、凶器の使用、人や動物への残虐行為、面前での盗み、性行為の強制）、②所有物の破壊（放火、器物損壊）、③虚偽性や窃盗（住居侵入、嘘をつく、万引き）、④重大な規則違反（夜間徘徊、家出、学校をさぼる）という、それぞれタイプの異なる問題が含まれます。このような行動が見られれば直ちに「異常」というわけではありませんが、複数の行動が持続する場合には「素行症」という診断が付けられることがあります[11]。

素行の問題に共通するのは攻撃性と反社会性であり、思春期の問題行動でも非常に重要な特性になるので、もう少し理解を深めておく必要があります。攻撃性といえば、暴言や暴力のような他者を威圧し傷つけるような行為をイメージしますが、攻撃性にもさまざまなサブタイプがあり、なかには外からは見えにくいものもあります。たとえば、家庭や学校ではおとなしく問題を起こすことのない子どもが、いつもカバンの中にカッターナイフを入れていることがあります。それで人を傷つけたり、脅したりすることはなくても、凶器となる物を身に着けていることは潜在的な攻撃性をあらわしています。外見的な印象からは想像できないようなところにも攻撃性が潜んでいることがあります。

また、攻撃性には直接的なものだけでなく間接的なものもあります。これは社会操作の一種で、クラスで特定の生徒を無視する、悪い噂を流すなど、直接手を出さないものの著しく傷つけるような行動があります。これはいじめの一形態になりますが、最近ではＳＮＳが普及したことで、このようなタイプの攻撃性が向けられやすくなっているかもしれません。こちらに

11　American Psychiatric Association（髙橋三郎、大野裕監訳　２０１４）『DSM-5 精神疾患の診断・統計マニュアル』医学書院

ついても潜在的で気づかれにくく、被害が深刻化する可能性があります。外から見えやすく、激しい形の外在性問題行動は、誰にも気づかれずに放っておかれることはないとしても、まずはその行動を抑止しなければならないので、どうしても指導的な対応になりがちです。ときには厳しい態度で叱責し、高校では謹慎などの懲戒処分、さらには警察が介入するようなことになれば、もはや支援どころではなく、自らの非を認めて反省させることに主眼が置かれることになります。もちろん、学校や社会のルールの中での処遇は必要ですが、その一方で加害の背景に被害体験があることが多く、支援ニーズがあることも忘れてはなりません。実際に、素行の問題と自殺行動との関連があることが知られています。ですので、攻撃的な問題行動については、加害・被害にかかわらず、どちらも支援のきっかけとして重要な行動だと受け止めることが大切になります。

3　不登校のインパクト

どうしても指導が前面に出やすい外在性問題行動に対して、内在性問題行動は他者とのトラブルがないために気づかれにくい面もありますが、子どもの内面的な苦悩としての理解、つまり「心の問題」あるいは「メンタルヘルスの問題」として受け止められることで、指導というよりも支援につながりやすいかと思います。現在では、ほとんどの学校にスクールカウンセラーが配置されて、心の問題への支援が学校で行われるようになってきました。また、保健室も内在性問題行動の支援に大きな役割を果たしており、指導よりもケアに重点が置かれている点で外在性問題行動とは対照的です。

内在性問題行動の代表が不登校です。不登校を問題行動ということには違和感があるかもしれませんが、やはり大人の視点からは心配ごと・困りごととしての問題といえます。ただし、現在の不登校はゆるやかに定義されていて、非行の一形態で外在性問題行動に分類される怠学（学校をさぼる）も含まれてくるので、不登校といってもいろいろです。さらにいえば、非行としての怠学の背景には、親からの虐待やネグレクト、家庭の経済的困窮などがあることが多く、かなり支援ニーズの高い子どもたちがいます。ともすれば「不登校＝心の問題」のように思われがちですが、そこには多様な子どもたちが含まれ、ただ学校に登校していないだけの問題ではないことに注意が必要です。

とはいえ、子どもが学校に行かなくなるという問題は、親にとっては強烈なインパクトがあり、少々の問題は「思春期だから」と様子を見ていても、こればかりは放っておけず、相談や支援を求めて動き始めるきっかけになります。その意味で、不登校は子どもへの支援の入口の役割を果たしているといえます。子どもが自分から外部の支援を求めることは稀で、親や教師が熱心に誘ってもなかなか相談支援の場にあらわれないことは多いものの、不登校が自分ではどうしようもない状況に追い込まれて困っていることを、もっとも強く伝える切り札になっているのは確かです。それでもまったく親が動こうとしないのであれば、それこそ児童虐待（ネグレクト）ということになります。

実際に、思春期の精神科医療の現場では、不登校になったことで受診するケースがほとんどで、そのことからも子どもが学校に行かなくなることは一大事であり、子どもの心に何か大変なことが起きているのではないかという心配をもたらしていることがうかがえます。もちろん、不登校を主訴として受診した子どもたちがすべて「心の病」というわけではありませんが、親に具体的な行動を起こさせるという意味で子どもの不登校は大きなインパクトがあるといえます。

ただし、最近では不登校が増えすぎて、かつてのように「うちの子だけ」という切迫感が弱まり、あわてて精神科医のところに来るようなケースは減ってきたかもしれません。それはそれで不登校への差別や偏見が少なくなり、子どもの苦痛も軽減されるメリットがあり、さらに支援においても、再登校を目指すよりも今子どもが抱えている問題にしっかりと向き合ってケアしていくことができるようにもなり、良い傾向ではあると思います。その一方で、再登校にこだわらないとすれば、具体的な目標が見えなくなり、思春期本来の迷いや悩みに直面することで、本人の苦悩が深まることもあります。その苦悩こそが内在性問題行動としての不登校の本質です。

かつては高校生の不登校は、登校できないままでは単位を修得できないので、卒業できなくなる危機があり、高校を卒業しなければ社会に受け入れられないという切羽詰まった緊迫感がありましたが、現在では通信制高校、とくに私立の広域通信制高校が不登校生徒の受け皿になることで、高校を卒業できない心配はずいぶん軽くなってきました。ただ、目の前の危機を回避することができるようになったことで、不登校の背景にあった問題が先送りされることが懸念されます。そうなると私たちはこれまで以上に子どもたちのＳＯＳをあらわす微妙な問題行動への感度を上げなければならなくなります。

4　心の病？

目に見える行動としてわかりやすい外在性問題行動は支援というよりも指導に偏りやすいのに対して、内在性問題行動は外からは見えにくいものの不登校になることで支援につながりやすいという特徴が見られます。もちろん、不登校にはなっていない、つまりさしあたって登校していればＯＫということではなく、内面では強い不安や気分の落ち込みを抱えていることもあります。高校生であっても、自分の内面に起きている微妙な変化を自覚することは難しく、ましてや言葉で他者に伝えることができず、一人で抱え込んでしまいがちです。このような内面的な苦悩については、学校を休むという明確な行動の変化以外のサインとして、食欲低下、学力不振、不眠などの日常生活での変化に注意が必要です。

内在性問題行動は本人の訴えというよりも、周りの大人たちが心配することで支援につながりやすい一方で、往々にして「心の病」としてケアされることになり、そのような風潮はますます強くなってきています。かつて不登校が「登校拒否」とよばれていたころは、学校に行けないことは病的な不安症状として治療の対象になっていました。まさに子どもの「心の病」の代表例が「登校拒否症」でした。現在では不登校自体を病気とはいわなくなりましたが、それでも何らかの病気と関連する「症状」としての重要性は残っています。

たしかに、子どもの不安や抑うつのような内在性の問題は「心の病」というイメージがぴったりします。また、子どもの状態を病気として受け止めることで、子どもへの向き合い方が受容的で支持的になり、子どもにとっても助かるかもしれません。子どもの精神保健への関心が高まってきたことで、子どもについてのさまざまな心配ごと・困りごとが「心の病」として理解され対応されることが増えてきて、あらためて不登校に代表される内在性の問題は病気（精神疾患）として受け止められるようになってきたように思われます。

しかし、実際に子どもの「心の病」を診断するのは簡単なことではありません。たとえば、うつ病と診断するためには、気分や思考内容については本人の口からの説明が必要になりますが、子どもは言葉で気持ちを伝えることが難しいので、大人と同じ方法では診断ができません。それでも最近では、子ども用の診断基準やチェックリストが開発されて、子どもたちの内在性問題行動が病気として診断されることが増えてきました。このように内在性問題行動はいつの時代も「心の病」と親和性が高いのです。

子どもの心の問題への関心の高まりはとても重要なことですが、それは健康か病気かという二分法で論じるような単純なものではなく、とりわけ思春期の心の問題については病気とはいえなくても深刻で苦しい問題はたくさんあります。それどころか、病気よりももっと苦しいこともあるかもしれません。病気であれば治療に期待することもできますが、病気でなければ自分で乗り越えるしかありません。本人だけでなく、親や周囲の大人たちも「いっそ病気だったらいいのに」と思うのも無理はありません。そんな追い詰められた思春期の心に「心の病」は悪魔のささやきになることがありますが、安易に病気と決めつけることには慎重でなければなりません。

とはいえ、高校生の年代は本物の精神疾患が発症することもあるので、病気に対して無関心でいいわけではありません。内面をうまく伝えられないことに加えて、非定型的な経過を示すことが多いので、診断は簡単ではありません。何度も診察を続けながら慎重に判断していくことになりますが、そこでもやはり行動が重要な判断材料になってきます。内面的な心の問題であっても、やはり行動としてあらわれる問題がとても重要であることは変わりありません。

5　過去と未来の交差点

ここまでに説明してきたように、思春期の育ちの支援においては、今目の前の問題行動が支援の入口であり、すべてはそこから始まります。しかし、今見ている問題行動は必ずしも現在の環境との相互作用の結果とはかぎらず、ずっと以前の体験や相互作用の積み重ねとして顕在化してきている可能性もあります。思春期の活動性やエネルギーが行動化と相まって、ときにリスクの高い問題行動を引き起こすことは確かですが、そのような問題行動の背景には思春期以前の育ちの影響もあり、そこにも目を向けることで現在の問題の理解が促され、それがどう支援すればいいのかという未来への道筋につながります。このように、思春期の問題行動は現在だけでなく、その来し方行く末、つまり過去と未来の視点もしっかりと持つことがとても重要です。

最近、トラウマという言葉を聞くことが多くなってきたかと思います。本来は銃で撃たれたり事故で大怪我をするような外傷のことを指す言葉ですが、それに相当するような強烈なストレス体験を心理的トラウマというようになり、現在ではトラウマといえば心理的外傷体験をあらわすようになりました。災害や事件・事故でのトラウマは理解しやすいかと思いますが、児童虐待やＤＶのような家庭内でのトラウマは外から見えないので、理解されにくい特性があります。トラウマ体験が持続的な精神症状、子どもの場合は情緒や行動の問題のリスク因子になることが知られていて、過去の体験との因果関係の典型例といえます。

しかし、思春期に顕在化してくる問題行動は特定のトラウマ体験のような個別の体験だけでなく、さまざまなリスクが累積した結果とも考えられます。成長の過程でのさまざまな相互作用が積もり積もって思春期の問題行動につながっているという考え方です。たとえば、思春期の攻撃性や反社会的行動は、親の不適切な養育や地域での被害体験、仲間の影響などのリスク因子の累積的な影響が考えられます。実際には、リスク因子の影響だけでなく、それを打ち消す保護因子との相互作用の結果なので、保護因子が十分にあれば負の影響は緩和されることになり、適切な支援があればリスクを下げられる可能性があります。

これまでの育ちが現在の行動様式に影響しているのは当然といえば当然ですが、過去の経験の影響を消去することはできないので、現在の問題行動について過去に原因を求めていくとどうしても悲観論に陥ってしまいます。そのときに対処していればこんなことにならなかったのに、いまさらどうしようもないというあきらめムードが漂います。問題行動が激しくてどうにも手に負えないようなときにはなおさら「もう手遅れ」と匙を投げたくなるのもわからないでもありません。

たしかに変えられない過去に原因を求めても、それは現在の問題行動の説明になったとしても未来への希望にはつながりません。しかし、思春期は過去のリスク因子が具体的な行動として顕在化しやすい一方で、思春期の最大の特徴である不連続性は、それまでの考え方や行動様式をすっかり変えるチャンスにもなります。問題行動が出てきたところで介入することで、それまでの軌道を修正して、より適応的な行動様式を獲得する絶好のチャンスでもあるのです。

思春期の問題行動は本人にとってもあまりありがたいものではありませんが、過去のリスク因子の負の連鎖を断ち切って、適応的な大人に成長していくための支援につながるカギになります。思春期はまさに過去から未来への交差点であり、ここでの支援はとんでもなく重要で、簡単にあきらめるわけにはいかないのです。思春期は厄介であるのと同時に、大いなる可能性を秘めた重要な期間と受け止めなければなりません。

第6章　思春期の心の世界

1　思春期という体験

思春期には体格や生殖機能の成熟という身体的要素とともに思考や行動、対人関係などの心理社会的な要素にも大きな変化があり、すべての子どもたちはこの不安定な移行期を経験して大人になっていきます。身体的な成長は意図的に始めたり止めたりすることができるものではないので、自動的・無意識的に進んでいき、その変化にあとから意識がついていく形になります。そのため思春期が始まってからのしばらくは、思いもよらない身体の変化に当の本人が戸惑うことになりますが、それほど長くはかからずに「大人の身体」に慣れていくことで、安定化します。

それに対して、心理社会的な変化は、その始まり自体は無意識的ですが、次々にあらわれてくる疑問や課題に対して自分で答えを見つけなければならないので、自動的に進んで行く身体的な変化とは大きく異なり、壁にぶつかったり袋小路に迷い込んでしまうと、いつになったら終わるのか先の見えない苦悩にとらわれてしまいます。それは自らが成長して大人になっていくための過程であり、仕事であり、体験として意識されるものです。このような心理社会的な成長過程での体験こそが主観的な思春期です。

思春期の心理についてはたくさんの情報があり、「自我の目覚め」とか「同一性（アイデンティティ）の確立」とか、定番の学説が広く知られていて、高校では保健体育だけではなく倫理社会でも扱われています（もうとっくに忘れていることかと思いますが）。このような思春期の心理については、アメリカの心理学者ホールが20世紀の初めに「疾風怒濤の時代」と表現したところから始まり、その後、主に精神分析学によって思春期の特徴的な心理や発達課題が示され、それらが今日の私たちの思春期についての知識を形成しています。

何を考えているのかわからない思春期の子どもたちを理解し、必要な支援をしていくためには、思春期の心理を知ることはとても有用で、支援者としては必須の知識になっています。しかし、注意しなければいけないのは、私たちが持っている思春期の「専門的」な知識は、臨床家や研究者という大人が客観的に思春期を分析した結果であり、必ずしも今思春期を生きている子どもたちの主観的な思春期像と一致するとはかぎらないということです。つまり、大人側から見た思春期の説明であり、それにもとづいて子どもの内面を理解しても、主観的な体験との微妙な違いから「わかったようなことを言うな」という反発になりかねません。

同じ思春期でも、大人から見た客観的な思春期と、子どもが今まさに体験している主観的な思春期とでは、まったく姿が違うのかもしれません。ただ、主観的な思春期についての情報がないわけではなく、実は世の中に溢れてさえいます。しかし、そのほとんどは小説、漫画、アニメ、映画、音楽、さらにはSNSでの発信など、若者文化や風俗として受け止められているものなので、どちらかといえば感覚的で、やはり世代の離れた大人がそれを理解することは簡単ではありません。結果的に、大人たちは客観的な思春期論に依存していかざるをえません。

だから思春期を理解するために、大人はもっと漫画やアニメ、ユーチューブを見て若者の気持ちに近づく努力をしなければならないというものでもありません。それは無理です。なかには若者文化に精通し、若者コトバを使いこなす専門家もいますが、そこまでしなければ子どもの信頼を得られないものではありません。子どもの目線で寄り添うことと、大人が子どものレベルに降りることとは別です。支援者は友だちではなく大人でなければなりません。

前章で取り上げた「問題行動」はまさに大人の視点から見た思春期の具体的な形ですが、私たちはそれを起点として子どもたちの心の世界を見ていかなければなりません。そのために必要なことは、その問題行動を本人がどのように体験しているかを想像することです。もちろん想像は実像ではありませんが、理解するというよりも一緒に考える作業をとおして本人の気づきを促すことにもつながり、それが支援の基本的スタンスとなります。

2　見える風景の変化

主観的な思春期のもっとも大きな特徴は、自分の周りに見える風景が変わることではないかと思います。他者から見た客観的な思春期は、身体や行動といった子ども自身の変化で特徴づけられますが、自分では自分の変化には気づきにくいので、いつもどおりに生活しているように感じることでしょう。ただし、周りの風景が変わるといっても、実際には親の態度が急に変わるわけでもなく、生活環境が一変するわけでもありません。要するに、見え方が変わるということです。人間は同じものを見ても、心の状態によって見え方が変わります。思春期の心の変化によって、周囲の世界が今までと違うように見えるようになることでしょう。

では、思春期になるとどんな風景が見えてくるのでしょうか。今まで知らなかった興味深い魅力的な世界がパッと開けてくるのでしょうか。そうであれば、毎日が刺激的で、まさに青春を謳歌する日々を楽しむことでしょう。あるいは、どんな恐ろしい危険が潜んでいるかわからないような不気味な世界でしょうか。そうであれば、家から出ていくのが怖くて、自分の世界に閉じこもってしまうかもしれません。これもやはりその人にとってどのように見えるか、一人ひとりの知覚様式によって決まり、どちらのパターンもありえることです。しかし、どちらのケースであっても、見える風景が変わることに違いはありません。

キラキラ輝くような魅力的な風景とおどろおどろしい不気味な風景とでは、まったく別世界のように思われますが、どちらにも共通するのは、これからどこに向かっていくのかがわからないということです。毎日活発に青春を謳歌していても、独り部屋にこもってふさぎ込んでいたとしても、この先どうなっていくのか、さらには自分の存在自体が不確かなので、将来への具体的な見通しがはっきりしないのが思春期です。

列車にたとえるなら、「国境の長いトンネルを抜けると雪国であった」ではなく、その逆で思春期はまさに長いトンネルに入るというのがぴったりだと思います。トンネルの出口の光は見えず、どれほど長いトンネルなのかもわからず、そしてトンネルの先にどんな風景が待っているのかわからない、そんなトンネルを進むのが思春期の体験ではないでしょうか。さしあたって、トンネルの中がテーマパークのライド系アトラクションのようなこともあれば、まったくの暗闇の場合もあって、その見え方は人それぞれでも、出口の見えないトンネルであることには変わりがないことでしょう。

思春期になるまで見えていた風景は、自分の足で歩いてきたところというより、親や学校の導きで進んできたものなので、そこで多くの経験や学びがあったとしても、必ずしも主体的な体験とはいえません。どんなに心惹かれる風景と出会っても、勝手に途中下車してそこにとどまることは許されず、親が示す目的地に向かって進み続ける生活をしてきました。思春期はそんな親の手を離れて、自分の足で歩き始めることになりますが、トンネルから出た先は親の敷いたレールから離れることで、あらためて自分で行き先を決めなければならない課題と直面することになります。

しかし、思春期になってもすぐに親と決別するわけではなく、完全に自由の身になって野に放たれるわけではありません。出口の見えない真っ暗なトンネルですが、足元にはレールがあって、壁にぶつかったり、とんでもない方向に行ったりしないように、最低限の安全を守るしくみは残されています。それこそが親への愛着であり、大人とのつながりです。先の見えない道を進むときこそ、しっかりとした安全の枠組みが必要です。どんなに活発な思春期であっても、友だちばかりを見て、親を見失うことはとても危険です。

突然出口の見えないトンネルに入った思春期は、とても不確かで漠然とした不安に包まれるのは当然のことです。

3　自分への気づき

思春期のトンネルの中に入ると、これまで見えなかった、あるいは気にならなかったものが見えてきます。それは自分自身です。生まれて以来、外界の刺激に反応してどんどん自分の世界を広げていく成長過程では、自分自身のことは視野に入らず気にすることもありません。ちょっと考えてみれば当たり前のことですが、自分の目で直接自分の姿を見ることはできません。鏡やカメラを使えば見ることは可能ですが、日常生活の中では自分の姿が視野に入らないのはむしろ自然なことといえます。

今まで意識することがなかった自分自身の存在がとても気になるようになるのが思春期で、実際に鏡で自分の顔を見つめることが多くなります。それまで気にしていなかったことが気になり始めると、気にしないようにしようとしても、それが頭から離れずにかえって気になるという悪循環になってしまうことがあるように、自分のことが気になってしかたなくなります。とはいえ、自分では自分を見ることができないので、他者が自分を見てどう思っているのかが常に気になるようになります。そんな自分自身への意識、すなわち自意識が芽ばえ、そして急速に強くなっていくのが思春期の心の世界です。

いくら自分のことが気になっても、やっぱり自分のことは自分でははっきりとはわかりません。自分の顔や姿を鏡に映して見るように、自分を映し出してくれるものに頼らなければどうしようもありません。それが他人からどう見られているかということで、他者の視線がとても気になるようになります。そしてたいていはあまり良く見られていないにちがいないという劣等感が優勢になって、自信を失うことが多くなります。新たな風景が見えてきたことで、とても生きづらく感じることが増えます。

自分への関心が高まると、必然的に他の人たちへの関心も高まりますが、自分への劣等感とは対照的に、他者については良いところやできていることばかりを見てしまうので、それがかえって自分の劣等感を刺激してしまいます。隣の芝は青い――他の子たちはみんな楽しそうにしているのに、自分は何の取柄もなく他人からも良く思われていない、そんな思いに支配されて、他者と会うのが苦しくなったり、顔を上げられなくなることもあります。

その一方で、自分への意識は他者との違い、つまり自分らしさを意識することにもつながります。人間はみんな同じではなくて、一人ひとりが違うのだとすれば、自分はどんな存在で、何が他人と違うのか――そんな自分探しの模索が始まります。しかし、自分を見つけることは容易なことではありません。まさに試行錯誤の連続で、とても心細く不安定な日々を送ることになります。そんなときに、いちばん手っ取り早く頼れるのが友だちです。友だちと同じような服を着る、同じようなことを一緒にする、同じアイドルを追いかけるなど、特定の友だちとの関係がこれまで以上に強くなっていきます。

ただし、友だち関係もいいことばかりではなく、そもそもお互いが思春期の不確かさの中にいるので、考え方や行動にはまだ一貫性がありません。ときには友だち付き合いが重苦しくなることもあるし、ちょっとした態度から嫌われていると被害的になったり、とくに学校の人間関係の中ではいつも一定の緊張感があって、とても疲れることもあります。最近はみんなスマホを持つようになって、常につながり続けていなければならないので、家に帰っても友だち関係の緊張感から解放されないし、過敏な自意識を休ませる暇もなくなっています。

自分が何者で価値のある存在なのかどうかはまださっぱりわかりませんが、さしあたって自分の存在が気になってしまったことで、家庭の中はともかく、学校生活や友だち関係の中での位置取りがとても重要になってきます。家庭の外、つまり社会の風景は大きく変わり、新たな適応の模索が続きます。

4　迷い・悩み・不安

思春期は子どもから大人への移行期であり、大人になるための準備の期間として、いくつかの重要な発達課題があります。そのもっとも大きな課題は自立して独立した人間になることで、親からの独立を目指していくものです。高校生にもなれば、何かにつけて自立を意識させられ、いつまでも親に頼るものではないと説教されるものです。ただ、たいていの親は高校を卒業したくらいで自立なんてまだまだとは思いつつも、それでも世間の常識として自立を促します。その意味では、実際に親から独立する文字どおりの自立というよりは、精神的な意味での自立心を求めているというのが本当のところかもしれません。

思春期の課題としての自立については、子どもの側も十分にわかっていて、自立を目指すことは否定しません。それどころか高校を卒業したら家を出て一人暮らしをしたいと、早々に親からの自立を望む人も少なくありません。しかし、現在では18歳での自立はとても難しくなっていることは確かで、早すぎる自立には大きなリスクがあることが知られています。本気で高校生に自立を求めても、それはとうてい無理ですし、20代のうちにたどり着くかどうかも怪しいかもしれません。

思春期になったからといってすぐに自立を目指して動き出すわけではありませんが、その前段階として、自意識の芽生えとともに自主性とか主体性があらわれてくることで、親の顔色をうかがうのではなく、自分の意志で行動しようとするようになります。親の意向と対立してでも自分のしたいようにすれば反抗ととらえられるかもしれませんが、それも自立へ向けた準備といえます。まだ経験も実績もない若者の行動は、大人には無謀な行動と見なされ、それはリスクの高い問題行動になることもあります。自立への道にリスクは避けられません。

思春期にはいろんなことに興味を持つだけでなく行動範囲も広がるので、自分でやってみようとすることは増えるものですが、自分のやりたいことをするようになるのが自立の始まりとはいえません。それはただのわがまま、勝手と言われるだけで、自立どころかまだまだ未熟な子どもだと見下されたように思うかもしれません。実際に親も学校もまだ未成年の子どもとして、けっして本人にすべてを任せて自由にさせることはないので、自立しようにもできないところもあります。高校生でも生活態度や持ち物まで校則で管理されているのはその証といえます。

自立の第一歩は「自分で考えて自分で行動する」ということ、すなわち自己決定です。そしてその結果に対して「自分で責任を持つ」、すなわち責任感が伴うようにならなければなりません。それができるようになれば、自分の考えと行動に一貫性が生まれ、そこから自分らしさを認識できることで、自分に対して自信が生まれます。これらの自己決定、責任感、自信が、自立のために求められる思春期の課題となります。

しかし、思春期の段階で、自分で考えて自分で行動し、その結果に対して責任を持ち、そんな自分に自信が持てるようになることは、それほど簡単なことではありません。最終的に自信につながる自分自身の存在価値を認められるような自己決定をすることは並大抵のことではありません。高校生であれば、さしあたって卒業後の進路を決めるのが、もっともさし迫った重要な自己決定ですが、本当にこれだという進路を決めることはなかなかできず、とりあえず大学に進学したけれどやっぱり違うとやめてしまう人も少なくありません。

少し冷静に考えればそれは無理もないことだとわかります。まだ17、18歳で知識も経験も十分ではない高校生が、大人としての生き方を具体的に決めることは、現実的には不可能といってもいいくらいです。でも、大学受験のためにはできるだけ早い段階で志望校を決めることを求められ、もたもたしていると受験競争から取り残されて、さらに不利になってしまうので、プレッシャーがかかります。進路を決めることだけにかぎらず、高校生にとって自己決定はけっこう大変なことなのです。

大人の側からは、自己決定、責任感、自信は自立に向けた思春期の三大テーマであり、それを達成することを求めて指導しますが、子どもたちが自分で自分の生き方を見つけなければならない現代社会では、少なくとも10代のうちにそれを達成することは相当厳しいのが現実です。しかし、だからといって高校生がこの課題を放棄しているわけではなく、一生懸命に向き合っているからこそ悩みが深まることになります。

そんな思春期の課題に立ち向かう当事者の主観的な体験としては、なかなか自己決定ができないことに「迷い」、結果に対してそれでよかったかどうか「悩み」、そして自信が持てないことで「不安」が高まります。このように大人側から見た思春期の課題である、自己決定、責任感、自信は、当事者側の主観的な思春期では、迷い、悩み、不安として体験されていて、やはりまったく違う風景になっています。そして、この迷い・悩み・不安こそが思春期を特徴づける体験なのです。元気で活発そうに見える高校生でも、意識しなかったとしても心の中には迷い・悩み・不安が続いています。

5　葛藤と欲求不満

思春期の課題に真剣に向き合えば向き合うほど、迷いと悩みはいっそう深まり、不安からは逃れられません。そしてさらに悩ましいのは、どんなに悩み苦しみ、模索し、試行錯誤を繰り返しても、求める答えが見つからないことです。この世に生まれてきたこと、自分の存在意義や価値、何のために生きているのか――そんな哲学的な疑問になど答えられるはずがありません。それでも、自分というものが気になり始めてしまうと、簡単には抜け出せません。

答えが見つからない難問に向き合う思春期の日々は、まさに出口の見えないトンネルを進んでいるイメージそのものです。一歩一歩前に進んでいても、一向に出口の光が見えてこなければ、どんどん不安になって、このまま出られないのではないかと悲観的になりがちです。トンネルに閉じ込められたような閉塞状況にストレスは高まり、イライラしたり感情的に不安定になってもおかしくありません。

それでもそんなに遠くない将来に、大人として生きていくようになることは確実なので、少なくとも子どもとしての生き方とは決別しなければなりません。思春期になって行動範囲が広がるとともに、親の目の届かないところでの活動が増え、たいていのことは自分でできるようになると、親の干渉や手助けはむしろ鬱陶《うっとお》しいものに感じられてきます。大人としての扱いを求めるわけではないにしても、子ども扱いされれば腹が立ちます。まだ自分が何なのかははっきりしなくても「もう子どもじゃない」という意識ははっきりとしています。

思春期の心の世界を見ていくときに、「大人になる」という前向きな迷い・悩み・不安とともに、「子どもをやめる」という後ろ向きの迷い・悩み・不安もとても重要です。子どもは成長し続ける存在ですが、必ずしもまっすぐに進むばかりとはかぎらず、ときどき立ち止まったりあと戻りすることもあります。年少の子どもたちは、とても強いストレスを受けると「赤ちゃん返り」が起きることがあります。前に進むためにはエネルギーが必要ですが、壁にぶつかってどうにもならないときには、あと戻りをして充電するのは合理的なことです。

思春期の自立に向かう道にはさまざまな障壁があり、ときには心が折れて何もかも投げ出したくなるときもあります。このままもう大人にならなくてもいいと思うことがあっても不思議ではありません。子どもから大人への岐路に立つ思春期は、子どもと決別する最後のポイントなのですが、先の見えない不安の中ではすんなりと大人の世界には進めないこともあります。とくに、子どもへの未練が残っていればなおさらです。それまでは意識していなかったのに、最後の土壇場になって、親への欲求不満が噴出してくることもあります。

進むべきか、戻るべきか——ハムレットの"to be, or not to be"のような葛藤があります。進むとすれば、子どもとしての特権を放棄しなければなりません。まだまだしてほしかったことをあきらめようとしても、欲求不満のはけ口が見つからず、それがはっきりした理由のない怒りだったり、自己破壊的なリスク行動だったり、問題行動の要因となっていることもあります。

思春期の心の世界では、過去と未来の激しいせめぎ合いが繰り広げられています。それはまさに思春期を体験しているということですが、本人もはっきりと意識できておらず、それを言葉で表現することはできません。ですので、最終的にあらわれた行動を手がかりにして、心の世界を推し量っていくことが支援者の役割になります。しかし、そこにはやはり正解はありません。子どもの心を理解することは誰にもできません。あくまでも想像することしかできませんが、そんな想像力こそが支援者に求められる資質です。

第7章　逸脱と異常

1　正常な思春期

不登校になったり、ゲームやスマホに没頭したり、だらだらした無気力な生活になったり、思春期の心配ごとや困りごとはさまざまですが、そんな子どもたちの行動や態度の変化を目の当たりにすると、心に何か異変が起きたのではないか、つまり病気や異常が生じたのではないかと思うことがあるかもしれません。みんな学校に行くのが当たり前だとすれば、学校に行かないのは「ふつう」からの逸脱であり、異常だと思うのも無理はありません。そして、実際に他の子たちがみんな学校に行っている姿を見るにつけ、何か大変なことが起きているのではないかと心配になります。

実際の思春期の心配ごとや困りごとの多くは、親や学校が「ふつう」と思っている行動からの逸脱で、何はともあれ「ふつう」に生活してほしいと思うものです。勉強やスポーツでトップクラスの成績や結果を出さなくても、とりあえず「ふつう」にさえしていてくれたら、万事平穏無事でストレスはありませんが、そもそも思春期はそんなものではありません。何ごともないようにと願うこと自体が無理なことで、多少のトラブルや想定外の事態は逸脱というよりもむしろ想定内のことであり、ましてや異常というものではありません。

大人の視点から見た思春期にしても、当事者の主観的な思春期にしても、思春期というものを理解すればするほど、思春期の「問題行動」の多くは正常な現象だと思うようになります。

思春期とはそういうものです。さまざまな逸脱行動が出てくるとすれば、それは思春期の行動特性を許容しない家庭や学校の基準・規則とのミスマッチであり、子どもたちの「健康な」反発・反抗ともいえます。かといって、子どもたちの好き放題にさせるわけにはいかないので、ある程度の逸脱は必然的に発生することになります。

子どもの発達や健康についての知識や情報が身近になり、本や雑誌だけでなく、インターネットでも簡単に手に入るようになったことは、とても便利で助かることと思いますが、その一方で、とくに医学的あるいは科学的な知識はどうしても「正常 vs 異常」という二分法になりやすく、その結果、本来は明確に白黒つけられないようなことにまで正常という概念が入りやすくなって、かえって心配が増すこともあります。それは多くの大人たちが常識的に持っている「ふつう」という概念とあまり変わりません。

しかし、人間という生き物はとても複雑な存在なので、どんなに科学が進歩しても、すべてを明解に説明することは不可能です。身体の構造（解剖学）や機能（生理学）は、直接的に見たり、検査結果の数値であらわすことができ、一定の正常範囲を定義することで、病気の診断が行われていますが、人間の行動は目には見えるものの、どこからどこまでが正常で、何が異常かをはっきりと定義することは簡単にはできません。ましてや思考は目に見えないので、客観的に評価することは困難です。行動や思考の変化を特徴とする思春期についても、おおよその特徴を示すことはできますが、正常な思春期というものを明確に定義することは無理です。だから、思春期の「問題行動」はあくまでも「問題」であって、異常とはいい切れません。

思春期にかぎらず、子どもの発達に関する問題については、一般的に正常という概念は使わず、同じ年齢集団の平均的な特徴を示すことを「定型（typical）」と表現しています。発達パターンや個性（パーソナリティ）はとても多様なので、簡単に正常を決めることはできません。そのかわりに多数派の特徴を基準にして評価しているわけですが、そうなると親が考える「ふつう」とたいして変わらないことになります。素人の「ふつう」を専門的にいうと「定型」ということになるわけです。

専門的な評価では「定型」ではないことを「非定型」とはいわず、その状態には「診断」が付けられますが、この場合でもやはり身体の病気とは違い、異常というのではなく、あくまでも定型ではないということに注意が必要です。ただ、定型ではないということは多数派ではない、つまり少数派（マイノリティ）ということになるので、本来はあってはならないことですが、学校や社会での適応にはどうしても不利が生じやすくなります。だから、非定型的な特性に対して配慮やケアが必要になり、それが支援ニーズということになります。

困ったことに直面したときには、細かいことをごちゃごちゃ言うのではなく、正常か異常かというわかりやすい二分法に頼りがちです。それは一見合理的には見えますが、そもそも何が正常かを定義できないことを、正常なのか異常なのか判断することはできません。思春期には「わけのわからない」発想や行動がありますが、そこには正常も異常もなく、そんな発想や行動が出てくるのが思春期だということです。

世の中には誰一人「正常な」思春期の子どもはいません。そして、正常がなければ異常な思春期の子どももいないということになります。

2 許容範囲

思春期を特徴づける逸脱は、心配ごと・困りごとそのものですが、思いもよらないチャンスになることもあります。人類の発展も常識にとらわれない若者の逸脱的な発想や行動が原動力になっていきます。若者の逸脱がなければ文明の進歩もなく、私たちは今でも石器時代や縄文時代のような原始的な生活をしていたかもしれません。若者の逸脱は、その結果が吉と出るか凶と出るかはわかりませんが、いずれにしても思春期の象徴であり、逸脱がなくなれば思春期の終わり、つまりは大人ということになります。それは発達的には社会化のゴールということになりますが、そう考えると大人になるのはつまらないようにも思えます。

しかし、逸脱もチャンスであり、そこから新しいものが生まれるかもしれないからといって、逸脱を放置するわけにもいかず、ましてやそれを推奨することはできるものではありません。親は子どもを監督しなければならないし、学校には校則があり、そして地域社会では法律や条例だけでなく、社会的規範（マナー）とか道徳心（モラル）、さらには常識が子どもの行動の枠組みを決めているように、おのずから許容範囲があります。ただ、それらの枠組みは必ずしも一貫性があるものではなく、家庭ごとに違いはあるし、学校の校則もさまざまで、絶対的なものではありません。

それでも高校生にもなれば、大人と交渉することで、「合法的に」行動の範囲を広げる可能性もあります。塾やバイトを理由に門限を遅くしてもらったり、学校でも生徒会が校則の変更を要求して教師たちと話し合いを続けたりすることもできるようになります。このような交渉や話し合いはとても重要な社会化の過程であり、面倒くさがらずにしっかりと向き合うことは重要です。

いずれにしても枠組みは必要ですが、大人が子どもに要求する制限は、合理的に説明することが難しいことばかりです。少し理屈っぽくいえば、科学的妥当性がなく、説得力が弱いものです。たとえば、高校生がタバコを吸ってはいけないことは、学校が勝手に決めた校則ではなく、法律で禁じられているということで一見合理的な根拠があるように思われますが、それだけではなぜ高校生はダメで大人はよいのかの説明ができません。健康に有害だということであれば、大人も同様であるはずです。

どんなにそれらしい理由を探してきても、思春期の行動を制限することを、子どもたちに納得してもらうのは難しいことです。最後は大人の権威で押し付けるしかありませんが、子どもたちはただでさえ反抗期で不満が多いうえに、このような大人の態度に子どもたちはさらに反発を強め、不信を募らせることになってしまいます。

子どもの行動の許容範囲についても、正常と異常というとらえ方をする傾向があり、許容される枠組みからの逸脱を異常、すなわち病理として病名が付けられることも増えてきています。それはそれで合理的であり、逸脱行動をただ単に指導するだけでなく、治療的にケアする、さらには予防的に対処することにつながるメリットもあるかと思います。少し極端な例かもしれませんが、アメリカでは学校で暴れた子どもたちが病院のＥＲ（救命救急室）に連れていかれます。

しかし、従来からのしつけや指導としての行動規制にしても医療的な介入にしても、大人が子どもの行動を規制するもっとも基本的な基準はリスクです。子どもの門限もリスクの観点で設定されるべきものです。子どもはリスクを適切に予測できないからこそ、それを大人が補って危害を未然に防ぎ、子どもの成長・発達を最大限に保障しなければなりません。ここでも良い（善い）・悪いの価値判断ではなく、あくまでも思春期特有のリスクを最小限にするための積極的な安全保障を目的としたものでなければなりません。

3　氏か育ちか

最近では、思春期の心配ごと・困りごとに対して、許容される枠組みからの逸脱という見方よりも、正常な思春期の発達に対する異常という見方が広がりつつあるように思います。逸脱に対しては指導や懲罰であるのに対して、異常は病的であるとすれば治療ということで、改善への期待が生まれます。そして何よりも、何が何だかわからない現在の心配ごと・困りごとに明確な説明がついてひとまず落ち着くことができます。

そんな逸脱を異常として認識する風潮を象徴しているのが、発達障害とよばれる「病気」の増加です。発達障害とは自閉スペクトラム症（ＡＳＤ）や注意欠如・多動症（ＡＤＨＤ）など神経発達に関連する一群の精神障害の総称として一般的に用いられますが、最近では医療や児童福祉の領域だけでなく、教育でも広く知られるようになり、攻撃的な行動や学校生活への不適応も発達障害に関連する症状として説明されることが増えています。

発達障害は生まれつきの脳の障害であると考えられているので、典型的なケースは幼児期に診断されますが、小学校の高学年、つまり思春期が始まってから診断されるケース、さらには成人になってから初めて診断されるケースも珍しくなくなっています。そして、思春期の心配ごと・困りごとも発達障害で説明されることが多くなってきました。不登校の子どもたちについても、かつては不安がキーワードだったのが、現在では発達障害の特性で説明され、対応されるようになっています。

思春期の問題を発達障害として理解するときに、氏か育ちか、つまり生まれつきの先天的な異常なのか、育ちの中で逸脱した結果なのかがよく問題になります。現在の発達障害の理解は、先天的な脳障害であるので、生まれつきの問題という立場になります。これに真っ向から異を唱える人はいませんが、ただこれはひとつの学説にすぎないということも忘れてはなりません。半世紀以上にわたる自閉症研究にもかかわらず、明確な脳障害の証拠は得られていないことも事実で、いまでもわからないことがたくさん残された疾患であることは変わりません。

現在の発達障害のコンセンサスにおいては、氏か育ちかといえば氏に軍配が上がりますが、かといって育ちが無関係であるわけではありません。だから、発達障害の診断が付いて納得していてもしかたのないことで、むしろそれを踏まえて育ちをしっかりと見ていき、発達障害の特性との関連で理解をしなければ支援はできません。それどころか、先天的な脳障害であるとすれば、それは遺伝子レベルの異常による問題なので、現在の医療ではどうしようもありません。わかりやすい説明であるかわりに、運命論になって悲観的になってしまうこともあります。それに対して、育ちの要素に着目することは、環境調整や課題の設定を工夫することで、能力を伸ばして成長させる期待が生まれます。

発達障害に関してもうひとつ気をつけなければならないことは、いったん診断されてしまうと、その人の思考や行動のパターンを発達障害の特性に当てはめて理解するようになり、本当の姿を見る目が曇ってしまうことがあるということです。こだわりが強くて切り替えにくいのは発達障害のせいだと決めつけて、本人の意図や意思を汲み取る努力が足らなくなることがあります。そこに支援者にはわかりやすくても、本人はわかってもらえないというミスマッチが起こる可能性が生じます。

人間の発達は一定の能力や特性に収束していく、つまり同じような規格の人間になっていくのではなく、一人ひとりが固有の特性、すなわち個性を持った独自の存在になっていくことで、多様性が拡大していくものです。思春期はパーソナリティの特性がはっきりしてくると同時に、それを自覚するようになることで、戸惑いや不安が高まり、そこに問題が生じやすくなります。個性の幅が広がるのに、学校適応の許容範囲があまり変わらなければ、必然的に逸脱する生徒が増えてしまいます。それは思春期の発達と学校側の基準とのミスマッチです。安易に障害で説明することで、本来の思春期の育ちを見失わないこともとても大切です。

4 「正常」への期待

「正常な思春期はない」といっても、大人から見て「何を考えているのかわからない」行動は、どうしても「正常」と思うことはできません。そんな行動は止めてほしい、なくしてほしいと思えば、「悪い」「いけない」そして「異常」という否定的な見方になります。しかし、「問題」あるいは「異常」というのは大人の価値判断であって、あくまでも主観的な印象にすぎず、客観的に証明できるものとはかぎりません。それでも、思春期の問題行動に対する大人の見方にはおおかたの一致があって、それは大人の常識として共有される価値観になっています。それが「ふつう」という暗黙のコンセンサスであり、その根拠や理由をいちいち子どもたちに説明するまでもなく通用しています。

このようなコンセンサスは社会文化的な状況によって変化するので、時代とともに子どもの生活や行動の基準も変わっていきます。現在の日本の子どもたちが育つ社会状況の最大の特徴は、何といっても少子化です。もう少し正確にいうと少産少子化で、少なく産んで大切に育てるようになり、失敗の許されない子育てのプレッシャーが高まってきました。その結果、子育ての要求水準は高くなり、より「正しい」子育てを追求することで、かえって子どもの「正常範囲」が狭まることで、そこからの逸脱への心配が高まる結果になっているように思われます。

学校教育の「正常範囲」も以前より狭くなっています。現代日本社会では学校教育は子育てのもっとも重要な要素になっていて、そこからの逸脱は将来への大きな不安につながります。子どもの幸せな将来を願うほど学歴への期待は高まり、学校適応や学力に対する要求水準もどうしても高くなります。もはや平均点では十分ではなく、さらに目標設定が上がることで、「支援の必要な子ども」が増えています。いつしか学校での「ふつう」は学校だけでは達成できるものではなく、塾での学習指導が事実上の標準になってしまいました。

さらに、学校への適応や学力は、個人の能力だけの問題ではなく、社会経済的格差が反映されていることが最近注目されてきました。家庭の経済的な格差は、塾や家庭教師などの学校以外の教育だけでなく、パソコンやスマホ、さらには漫画本やゲームのような娯楽のための持ち物にも差が生じ、「ふつう」の水準を満たせないことで、集団から排除される要因になっています。義務教育は無償というのが建て前ですが、実際には「ふつう」の要求を満たすためにはかなりのお金が必要です。

近年、子どもの貧困が注目されるようになり、子どもの7人に1人（13・9％）が貧困状態にあるとされていますが[12]、ここでの貧困は食べることさえできない絶対的貧困ではなく、国民の世帯所得の中央値の半分以下という相対的貧困で、貧困のラインは社会全体の豊かさによって変動します。子どもの生活水準の「ふつう」が高まることで、格差による不利は低学力や不登校という問題につながっています。

最近増加が著しい発達障害についても同様の問題があるかと思います。診断基準の変更によって診断が増えていることもありますが、それよりも学校生活に適応できる許容範囲が狭まってきたことで、支援ニーズが高まってきている側面もあります。それは子どもの側から見れば、学校に適応するハードルが上がることになるので、不登校になりやすい要因にもなります。児童生徒数の減少にもかかわらず不登校児童生徒が増加し続けているのは、学校適応の要求水準が高くなったせいなのかもしれません。

正常範囲や許容範囲は必ずしも絶対的な規準で規定されるとはかぎらず、現実的には相対的な規準のほうが多いのは確かです。たとえば、学力は集団の平均が基準であったり、順位で判断されていて、受験でもっとも重要な指標となる偏差値も、集団の中での位置づけなので、相対的な指標です。本来であれば、平均的であれば「ふつう」であるはずですが、子どもの「ふつう」や「正常」には大人たちの期待が込められているので、どうしても要求水準が高くなる傾向があります。それがかえって逸脱や異常への不安を高めることにもなります。

子どもの「ふつう」や「正常」の要求水準が上がれば必然的に「逸脱」や「異常」は増えることになりますが、その増加分はいわば水増しされた「逸脱」や「異常」であり、問題の性質もそこに求められる支援も異なることに注意しなければなりません。水増しされた問題は、子

12　厚生労働省（2016）『平成28年　国民生活基礎調査』による。

ども自身の能力や努力の不足ではないので、本人の自尊心を傷つけないように対応する必要があります。一方的な支援で子どもの自己肯定感が下がれば、そのことでさらなる不利が誘導されるリスクがあることを忘れないようにしなければなりません。

5　もうひとつの要因

世間の常識的な「ふつう」に加えて、もうひとつ子どもの問題にはより感情的な要因があります。それは親の心配・不安です。同じ問題でも、その問題によって引き起こされる親の感情によって、問題の意味や重大性は大きく変わってきます。そもそも子どもの問題は大人の価値観によって規定されますが、子どものいちばん近くで見守り育てている親の受け止め方は重要で、はかりしれない影響があるのは言うまでもありません。

子どもの心配ごと・困りごとは、それ自体が親の子どもに対する感情反応であり、それは親の価値観だけでなく、子どもへの期待と同時に将来への不安が反映しています。ですから、とても個人的な親の関心や子育ての優先順位によって、心配や困り感の程度は変わり、それが支援ニーズにも反映されます。

子どもの問題に対する親の感情反応には、親のストレス、家庭内の問題（夫婦関係や経済的問題）の影響もあります。親自身がストレスによって精神的に追い詰められた状態では、子どもの問題を受け止める余裕がなくなるので、適切に対応できなかったり、親が取り乱して収拾がつかなくなってしまうこともあります。とりわけ夫婦の不和や祖父母との対立のような家庭内の問題は、親が孤立化することで、親としての役割を果たすことが困難になる要因になります。

また、現在のストレスだけでなく、親自身の育ちも子どもの問題への反応に影響することがあります。たとえば、高校中退を経験した親が子どもの中学不登校で強い不安を感じ、学校に行かない子どもにきつく当たったり、また自分自身が親から認められることなく大人になり、親として自分の子どもを認めることができなかったり、自分の思春期の姿が重なって、子どもへの不安や苛立ちが強まることがあります。子どもの思春期の問題は、親の思春期の影響もあるわけです。

このような親の個人的な事情が子どもの思春期の育ちに大きな影響を与えているとすれば、子どもの問題はやはり絶対的な基準で正常・異常を区別できるものではなく、一概に良い・悪いと決めつけることはできません。その背景に親の不安があることも踏まえて見ていくことが、支援を考えるうえでとても重要になります。

結局のところ、子どものどんな行動や行為が問題であるか否かということではなく、思春期の問題は、親も含めた思春期の育ちの問題であり、正常・異常ということで区別するのではなく、育ちの連続性の中での理解、生態系の中での相互作用として理解すべきものといえます。

その意味で、正常な思春期というものはなく、と同時に異常な思春期というものもない、あるのは一人ひとりの思春期の育ちであり、それを見守る親や大人たちの思いだけです。

親だけでは手に負えない問題も出てきますが、それは異常や病気として特別な治療や処置をしなければならないというより、思春期の成長過程で生態系が広がることで親以外の大人たちのかかわりが必要になっただけのことです。親や大人にとって厄介な問題も思春期の育ちの一部であり、成長のための重要な要素だと考えなければなりません。そうであれば、さまざまな立場の大人が子どもとかかわることが育ちの支援であり、必ずしも「ふつう」や許容範囲の中におさめることでもないわけです。

第8章　支援のための理解

1　思春期の素顔

思春期の心配ごと・困りごとに直面した大人は、戸惑いや不安とともに「なぜ？」という疑問が頭に浮かびます。問題の原因や理由を知ることは、問題への対処の第一歩であり、何とかしなければという支援の気持ちのあらわれでもあります。人間の行動には動機があり、目的があるはずなので、思春期の問題にも原因や理由はあるはずです。ましてや他者だけでなく自己に対しても攻撃的な行動やリスクの高い行動をするのに、理由がないはずはありません。火のないところに煙は立たないように、わけもなく怒り、暴言を吐いたりするようなことがあれば、それこそ正気の沙汰ではなく、心が病んでいると思われてもしかたがありません。

しかし、思春期の問題の「なぜ？」には、はっきりとした答えが見つかることはほとんどありません。小さな子どもではないのだから、思っていることを話すことはできるはずだと期待しても、本人の口から出る説明は歯切れが悪く、要領を得ません。親や大人に素直になれない年頃なので、頑なになって話すのを拒むこともあるかもしれませんが、自分でもどう説明すればいいかわからずに戸惑っているということもありがちです。あるいは、言いたくてもプライドが言わせない、親を心配させることを気にして言わないこともあります。それでも説明を求められれば、尋問を受けているような威圧を感じて、さらに反発を強めて頑なになるかもしれません。

しかし、ここまでで見てきた思春期というものを振り返りながら考えてみると、たしかに思春期には激しい行動やリスクの高い心配な行動が見られることが多いものの、そもそも思春期には正常も異常もないのだとすれば、大人たちを悩ませる心配ごと・困りごとは思春期には自然なことだといってもいいのではないでしょうか。「なぜ思春期になると反抗するようになるのか?」という質問には「思春期だから」としか答えられないし、それ以上の理由は見つかりません。答えのないことにいつまでも正解を求め続けることは、問題に真剣に向き合っているように見えても、実は現実から逃避していることになるかもしれません。

心配ごと・困りごとも含めて思春期の育ち——それを心配して何とかしようとすることで、大人は思春期の生態系の中での相互作用の要素になっています。つまり、心配して困っている大人たちも思春期の生態系の一員であり、思春期の育ちのストーリーのキャストになっているわけです。その役回りは心配すること、困ること——生態系の中での相互作用に巻き込まれることも大人の役割です。つまり、心配ごと・困りごとも思春期の育ちの一部であり、それこそが自然な思春期の素顔なのです。

心配ごと・困りごとは、大人の常識や期待を纏《まと》った思春期を見慣れた人には「異常」と思われるかもしれませんが、あくまでも自然な思春期の一場面にすぎません。大人にとってはあまり見たくないところも含めて、素顔の思春期と向き合うのは苦しくてストレスになるかもしれませんが、それを「逸脱」や「異常」と決めつけて否定すれば、子どもは大人になる前に、自分はダメな「不良品」という価値観を植え付けられることになりかねません。前途ある若者にダメ出しをするのが大人の役割ではありません。キャストである大人の応答や態度によって子どもの行動は変わり、大人の心配ごと・困りごとも変わります。どんな問題でも誰か一人だけが悪いわけではなく、良くも悪くもみんな影響し合っているのです。

2　適応のひずみ

思春期には次から次へと心配ごと・困りごとが出てきたとしても、そもそも「正常な」思春期というものはないのだとすれば、逸脱も異常もありません。他者にも何らかの影響を及ぼしたり、自身が傷ついたり不利益を被るリスクのあるような問題行動は、少なくとも健全な行動ではないので、さしあたって逸脱とか異常という見方は便利でわかりやすいかもしれません。

しかし、特定の行動を逸脱とか異常と決めつけることは、子どもの行動に枠をはめようとすることであり、そこには一定の規格内におさめようとする本音が見え隠れします。子どもを監督する責任のある大人の立場からすれば、やはり正常を基準とした逸脱や異常という見方はなくてはならないものでしょう。

社会や大人が求める規格という視点から子どもの行動を見ていくと、規格に入らないのが不登校、規格におさまらないのが発達障害、そもそも規格を否定しているのが非行ということになるでしょうか。不登校も発達障害も非行も、それぞれ個人の特性や問題として認識されていますが、このような規格とのズレ、ミスマッチとして見直してみると、社会や大人の設定した規格、すなわち価値観によって規定される問題であることがわかります。ただし、発達障害については医学的診断であるので、病的な異常だと思われるかもしれませんが、比較的軽度のケースについては年齢相応に求められる社会的な規格によって相対的に判断されているので、絶対的な異常とはいい切れない面があります。

大人が求める思春期の行動の規格、すなわち正常な思春期の行動は、大人たちの価値観を反映したものであって、そこには子どもとしてあるべき姿のイメージとともに子どもへの期待が込められています。しかし、それは当然ながら当事者である子どもたちの考えとは一致するとはかぎりません。だからこそ、あえてその規格を否定して、社会的規範に反するような行動をとる若者たちがあらわれてきます。大人たちもかつて思春期のころには、そんな大人から押し付けられる枠組みに反発していたに違いないのに、いったん大人になってしまうとそんなことはすっかり忘れて、自分たちの価値観を子どもたちに押し付けるという輪廻が延々と続いています。

意識的にせよ無意識的にせよ、正常な思春期に対する逸脱あるいは異常という価値観や望ましい規格を持つことは、大人としてどのような態度をとるべきかの判断をするのに便利ですが、その一方で既存の枠組みに当てはめて理解したつもりになってしまうことで、子どもの行動を理解しようとする思考が停止してしまう要因になります。とくに、診断が付いてしまうと、目の前の子どもは生身の人間というより病気の症状を示す症例になり、すべては症状として理解されやすくなることに注意が必要です。

問題を理解するためには、特定のメガネをとおして評価・判断をすることではなく、まずは先入観を持たずに目の前の子どものありのままの姿を見ることが大切です。学校に毎日行くのが正しいとか、教師の指導を素直に聞くのが正しいとか、そんな大人の求める価値基準を外して、子どもたちの問題を観察すれば、それらはすべて本人と周囲の環境との不適応的な相互作用の結果であることが見えてきます。つまり、大人が問題行動と見ているもののほとんどは、中立的な視点からは不適応行動なのです。だから、子どもに一方的に非があるわけではなく、かといって家庭や学校に原因があるともかぎりません。お互いの思いと期待がミスマッチを起こしている結果であって、つまり適応のひずみとして理解できるものなのです。

問題行動を起点として、その行動を引き起こしている不適応的な環境との相互作用を見つけ出していくことで、その行動が意味していることが推測できると同時に、どこを修正すれば適応のひずみを和らげることができるかが見えてきます。これによって子どもが何を考えているのかが理解できるとはかぎりませんが、少なくとも今の不適応を緩和することで、前向きな成長を促すことができます。

3　相互作用の悪循環

子どもは生態系の中でさまざまな環境（対人的および物理的）との相互作用を経験しながら成長していきますが、子どもの意欲や能力と環境が求める要求や期待とがうまくマッチしていれば適応的な行動になり、ミスマッチが起きれば不適応的な行動、つまり問題行動になってしまいます。この相互作用は双方向的なもので、子どもが環境に対して要求・期待するものが得られない場合にも不適応行動が生じることになります。子ども側の要求が受け入れられない状況が欲求不満で、年少児の問題行動のもっとも優勢な要因ですが、思春期になると欲求不満に加えて、親や仲間、学校などから求められる要求に応えられないことで不適応になることが増えてきます。

子どもが育つ過程では、このような相互作用のミスマッチは日常茶飯事で、毎日のように親から叱られたり、学校で注意されたり、何かとトラブルが起きるものです。思春期には子どもの要求が高まるので、ミスマッチも生じやすくなり、その結果、問題行動も増えることになります。しかし、個々の相互作用のミスマッチによって生じる不適応行動は、一時的でその場限りであるのが一般的で、反復したり持続したりすることはありません。このような単発的な不適応行動であるかぎりは、それは子どもの成長の過程では当たり前のものであり、逸脱でも異常でもありません。思春期においても、むしろ環境との対立が増えて、不適応行動が出ることは自然な現象といってもかまいません。

問題になるのは、不適応行動が繰り返されて持続したり、エスカレートして激しくなって手に負えなくなる場合で、そのような状況になると積極的な介入や支援が必要になります。問題行動が反復・持続する場合でも、相互作用のミスマッチによる不適応行動であることには変わりはありませんが、そこには問題を持続させる要因が関与しており、そこには直線的な相互作用ではなく、循環的な相互作用が起こっています。たとえば、親子の相互作用の場合、もともとは単一の相互作用から生じた問題行動に対して親が反応し、親の反応に対して子どもが反応して、さらに問題行動が生じるというサイクルができてしまうと、問題行動が反復・持続することになります（次頁、図2）。

相互作用の悪循環について、2人の高校生の例で見ていくことにします。

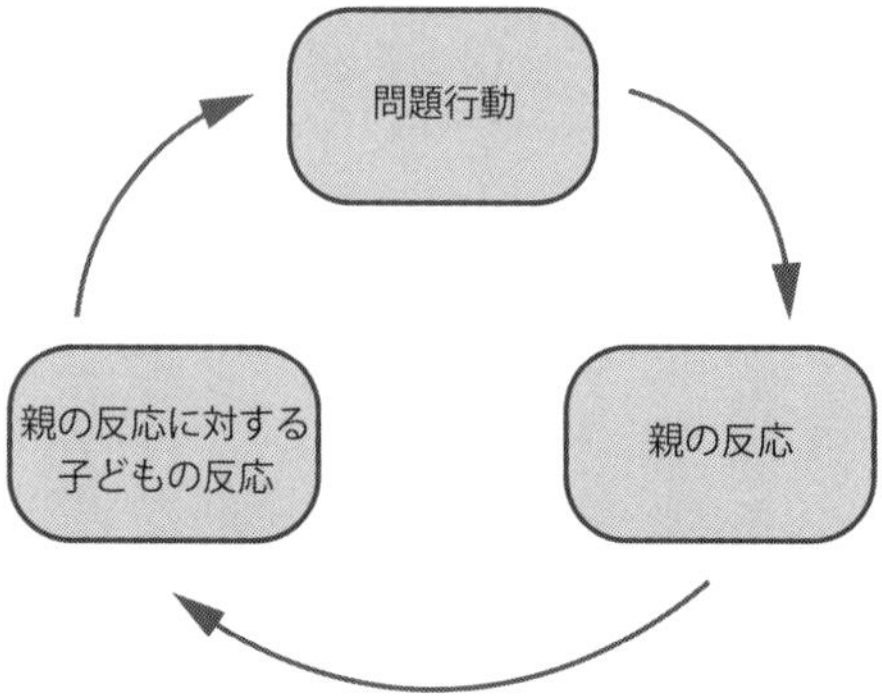

図２　問題行動の循環的相互作用

【事例１】アキラ君　17歳男子、高校２年生

小学校は休まずに登校したが、中学校は入学後すぐに気管支炎で欠席したことでクラスになじめず、夏休み明けから学校や教室に入ると怖いと思うようになり、部活もやめて、休みがちになった。３年生になって欠席は少なくなったが、学習に集中できず、高校受験は第一志望は不合格になり、通学に２時間かかる高校に入学した。入学後は何とか休まずに登校し成績は良かったが、２年生のクラスになじめず、他の生徒がしゃべっているのが気になり、教室にいられなくなって保健室に行くようになった。担任からは「お前は真面目だから」と言われてわかってくれていないと思い、それ以後欠席が増えて進級が難しくなり、追い込まれた様子で元気がなくなり、人を避けて部屋に閉じこもるようになった。

［相互作用の悪循環］教室適応の苦痛が担任に理解されず、学校での不安が高まり登校できなくなり、さ

らに人を避けて閉じこもるようになった。

【事例2】ヨウコさん　16歳女子、高校1年生

中学校1年生のときに部活の先輩ともめたことで不登校になり、2年生のときに転校して登校を促したが、週1回程度の登校にとどまり教室に適応することはできなかった。高校進学を強く希望して昼間定時制高校に入学した。高校には意欲的に登校し、ボランティア活動や学級活動にも参加し、友だち付き合いもできるようになったが、6月になって学校でリストカットするようになり、級友に「死にたい」とメールすることがあった。母親は子どもに感情を出すことがなく、自宅でもリストカットがあることを知っていたが、とくに対応することがなかった。2学期には教室に入ることができなくなり、情緒的に不安定でリストカットも増え、10月からは登校できなくなった。

［相互作用の悪循環］中学校は不登校だったが高校には行きたいと強引に適応しようとしたが破たんし、母親への依存欲求が高まったが母親の情緒的な応答がなく、自傷がエスカレートした。

このような悪循環は思春期の子どもと親の間ではありがちなことで、子どもに対して親が感情的に、あるいは威圧的に反応すれば、さらに子どもの問題行動がエスカレートすることはよ

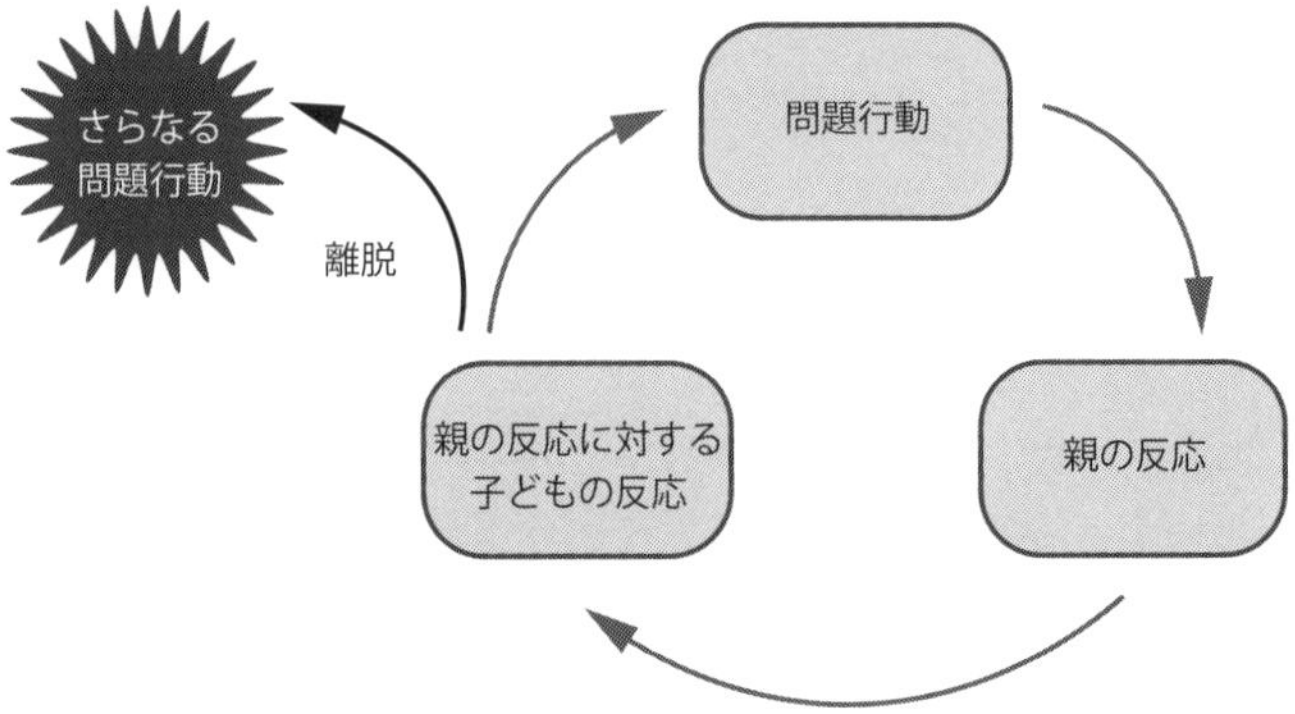

図３　循環的相互作用からの離脱

くあります。このようなわかりやすい循環的相互作用だけでなく、潜在的なものにも注意が必要です。事例2のように子どもの問題行動に親が反応しないことに対しても子どもは反応して問題行動がエスカレートすることがあります。その場合には、親は子どもの問題行動の原因に心当たりがないということになりやすく、さらにミスマッチが拡大することがあるのでとくに注意が必要です。

問題行動の反復・持続は、大人たちを悩ませますが、もっと深刻なことは子どもの反応がこの循環的相互作用のサイクルから離脱してしまうことです（図３）。たとえば、子どもの問題行動に対して親が暴言を吐いたり、あるいはまったく無視して反応しなかったりすると、それに対して子どもが家を飛び出したり、家に寄り付かなくなったりすることがあります。そうなれば親との相互作用のサイクルから離脱してしまって、もはや親がどうすることもできなくなってしまいます。

まさに糸の切れた凧で、子どものリスクは非常に高くなります。

循環的相互作用は、地球の周りを回っている人工衛星にたとえることができます。地球の引力によって軌道を周回しているかぎりは大丈夫ですが、その軌道を逸れて引力の影響がなくなればどんどん地球から離れて宇宙空間の彼方に消えていってしまいます。親子の相互作用では、この地球の引力に相当するのが愛着です。子どもが親に愛着を持ち続けているかぎり、多少の問題が持続したとしても軌道を逸脱してリスクにさらされることから守られますが、愛着を失えばたちまち親の保護を失ってしまいます。

思春期の問題行動の多くは必ずしも逸脱や異常ではなく、むしろ思春期の自然な現象として理解できますが、子どもが親とつながる愛着が失われている場合には、非常に深刻なリスクがあり、さらには思春期以降にも影響が続くこともあるので、愛着の状態にはとくに注意が必要です。

4　思春期問題の構造

思春期の心配ごと・困りごとは思春期の育ちの中での不適応的な相互作用が発生と持続に重要な役割を果たしていますが、それだけですべてが説明できるとはかぎりません。思春期の問題にはやはり思春期独特の要因が関与していて、それが問題の性質や影響の大きさにもかか

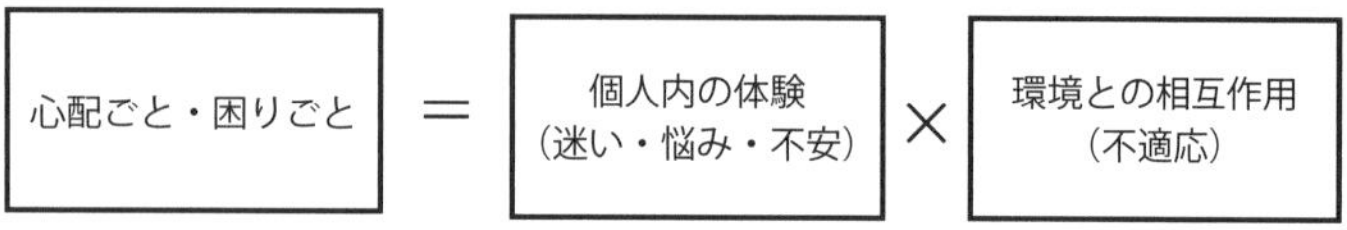

図4　思春期の心配ごと・困りごとの構造

わってきます。そのもうひとつの要因が、第6章で説明した思春期の子どもたちが体験している迷い・悩み・不安という思春期の心の世界です。迷い・悩み・不安の質や強さによって、環境との不適応の表現型である問題行動も変わってくるということです。つまり、思春期の心配ごと・困りごとは個人内の体験と環境との相互作用が反応した結果と見ることができます（図4）。

迷い・悩み・不安は思春期を特徴づける特性なので、どんなに苦しくて思い詰めていたとしても、あくまでも自然なことですが、不確かで不安定な状態であるために、環境への適応の幅が狭まったり、ストレスへの対処がうまくいかないことで、不適応が起こりやすくなったり、その影響が強くなったりする可能性があります。つまり、この思春期の特性は、環境への適応のリスク因子となり、不適応が起こりやすくなる要因になります。しかし、それは思春期を生きている子どもたちすべてに共通の特性なので、それ自体が異常であるわけではなく、避けて通ることはできません。

しかし、迷い・悩み・不安に環境との不適応が重なって生じる反応は、大人の基準から逸脱していれば「異常」とか「病的」と判断されることがあります。たとえば、先ほどの事例1のアキラ君の場合、もともと対人不安や自分に対する自信がないという思春期の特性を持っていましたが、そこに高校への不適応が重なることで、不登校になり、やる気がなくなってひきこもってしまいました。最終的に不登校になったところでは、元気がなくなって「うつ状態」ということもできます。このような状態には「うつ病」や「適応障害」という病名が付けられる場合もありますが、そうであったとしても、その根底にある彼の対人不安や自信欠如という心的体験そのものが病的であるということではありません。したがって、本当の病気として治療するというよりは、不適応を修正するような支援が必要になります。

ただし、この迷い・悩み・不安が病的になることもあり、その場合は本格的な精神病理として治療的な対応が求められることになります。たとえば、どんなに痩せていても太っているという思い込みから逃れられずに過度のダイエットを続ける拒食症（摂食障害）や、自分の顔が醜いとか臭いにおいが出ていると思い込んで人を避けるようになる思春期妄想症などは、思春期の特性があまりにも極端になった病的な状態といえるので、医療的な治療が必要な問題になります。しかし実際の治療では、なかなか偏った確信的な信念を修正することは難しいので、環境との不適応にアプローチすることで、症状や苦痛を少しでも和らげることが中心になるという点では、他の思春期の問題への支援との共通性があります。

思春期の心配ごと・困りごとを構成するふたつの要因はどちらも非常に重要ですが、基本的には思春期の体験は思春期の間は続くもので、支援によって解決したりなくしたりすることができるものではありません。それに対して、環境との相互作用は調整できるものもあり、それによって苦痛や困難を軽減してリスクを下げられる可能性があり、支援においては重要な要因になります。このように、不適応に注目することで支援の可能性が広がります。

5　問題から支援ニーズへ

思春期の心配ごと・困りごとの構造を理論的に整理したとしても、複雑な相互作用をすべて網羅的に確認することはできないので、現在の問題の全貌を解明することは不可能です。できるかぎりの情報で詳しく分析しても、明らかにできるのはごく表面的な相互作用だけで、それは氷山の一角にすぎません。また、本人との関係性や得られた情報の偏りによって、評価する人によっては見方が異なるかもしれません。

たしかに、本来であればすべてのミスマッチを正確に評価して、それらを修正することで問題は解決されることになりますが、それは現実的には不可能です。しかし、どこかひとつの相互作用を修正するだけでも苦痛が緩和したり、ポジティブな気持ちに変わる可能性もあります。不適応を見つけることで、具体的な支援が提供され、膠着状態は動き出すことになります。つまり、相互作用に注目することで、思春期の心配ごと・困りごとは、親や大人を悩ませる問題から、どんな支援が求められているのかという支援ニーズへ関心を向けさせることになります。それは「なぜ？」から「何をすべきか」という大きな視点の転換です。

最近は、学校生活や友だち関係の不適応が発達障害として理解されることが多くなり、障害の特性に応じた支援が行われることが増えてきました。思春期の心配ごと・困りごとのように、異常だといい切れないような歯切れの悪い問題とは違って、発達障害は医師が診断するということで問題がより具体的に説明できるように思われますが、発達障害の診断だけで、すべてが理解できるわけではなく、実際には環境との不適応的な相互作用を明らかにして、そこを修正することが支援の中核になります。つまり、思春期の問題と同じように支援ニーズとして理解することが可能であり、具体的な支援につながることになります。

一般的な思春期の理解は、思春期の心理的特徴として自意識の高まりやアイデンティティの葛藤を挙げていますが、これらは自己の内面での葛藤であり個人の体験に関するものです。発達障害の場合は障害の原因や症状に関心が向きますが、それもやはり個人の特性を示しているものです。つまり、思春期や発達障害を個人の特性として理解していて、一人ひとりが環境の中で経験している相互作用の影響が見落とされがちなところがあります。

しかし、個別的な相互作用に注目することで、適応状態を改善させるための具体的な支援の方向性が見えてきて、そこに希望の光を見出すことができます。それはとても現実的な対応であり、思春期の育ちの支援でも重要なことです。問題の理解にこだわるよりも、問題から支援ニーズを知ることで、育ちを支えることが思春期にはとても重要です。

第三部　思春期の育ちの支援

第9章　育ちの支援の基盤

1　「育てる」から「支援」へ

子育てにかぎらず教育や福祉の分野でも「支援」という言葉は広く使われていますが、ひと口に支援といっても、その内容や方法、目的や目標はさまざまで、親や家族、友だちや先輩にもできることから、特別な資格を持つ専門職、あるいは処遇を決定する権限を有する公的機関でなければできないことまで、まさに多種多様です。また、何かひとつの支援だけでいいこともあれば、いくつかの支援を組み合わせてコーディネートする必要がある場合もあります。どのような立場で支援にかかわるかによって役割も変わりますが、まず本章では支援とは何かについて少し整理しておきたいと思います。

私たちは心配ごと・困りごとがない「平時」には、子どもとのかかわりはきわめて日常的なことで――もちろん感情的にぶつかることやちょっとしたトラブルもありますが――子どもや親を支援するということはあまり意識することはありません。ですので、支援とは何か、どんな支援があるのかなど、具体的にイメージすることもあまりありません。何となくわかっているようでわからないところがあり、いざ支援が必要となったときにはどうしていいものか混乱するかもしれません。

実際に支援をする際には、支援を必要とする状況（つまり、心配ごと・困りごと）、すなわち「支援ニーズ」と、どんな内容の支援を行うのか、すなわち「支援の方法」を考える必要があります。たとえば、不登校という支援ニーズに対して、スクールカウンセラーが週1回の個別カウンセリングを行うことは支援の方法になります。効果的な支援を行うためには、支援ニーズと支援のタイプがフィットしているのが理想的ですが、実際にはあらゆる支援ニーズに対する支援が用意されているわけではないので、往々にして支援ニーズと支援のタイプのミスマッチが生じることがあり、効果が上がらないだけでなく、支援する側とされる側との間に不信感が生まれて支援が途絶えてしまうこともあります。ですので、支援ニーズと支援のタイプの相性はとても大切で、ひとつボタンを掛け違えれば、「余計なおせっかい」と言われるだけでなく、個人のプライバシーが重視される現在では「人権侵害」の争いに発展するかもしれず、素人には手が出しにくいところもあります。

思春期の育ちの支援はとても裾野が広いもので、家庭での子育てが学校や地域社会にまで拡大したものだと理解していただければいいかと思います。すでに述べてきたように、思春期は行動が広がり、親の目の届かないところでの活動が増えていくので、必然的に育ちの場も広がり、育ちにかかわる人も増えてきます。親だけでなく、学校の教職員、地域の人々、そして特別なニーズがあれば医療や福祉のような専門的なサービスも加わり、育ちを見守り支えていくのが自然な流れです。子どもが自主性・主体性を持って育つ思春期になることで、大人のほうは子どもを「育てる」という役割から「支援する」という立場に変わっていきます。つまり、大人のかかわりはすべて支援といえるわけです。

日常的な支援は無意識的なもので、朝、顔を合わせたときに「おはよう」とあいさつしたり、話しかけたりすることも、日常的なかかわりのすべてが育ちの支援としての意味を持ちますが、具体的な心配ごと・困りごとに対して支援をしていく場合には、子どもの支援ニーズとそれに対してどんな支援ができるかを意識的に考える必要があります。それは一人ひとりが自分のできること、すべきこと、すべきではないことをしっかりと考えるということでもあります。

2　思春期の支援ニーズ

支援ニーズといういい方はあまり一般的には使われないかもしれませんが、それはまさに心配ごと・困りごと、あるいは問題行動や不適応に他なりません。しかし、「困った」とか「問題」というと、解決したり指導したりして「処理」しなければならないイメージが強く、一方的で上から目線のような感じがして、すぐに支援には結びつかないかもしれません。支援ニーズは同じことを当事者の視点に置き換えたもので、子ども自身が困っている状況を伝えるという意味が込められています。

子どもの成長過程での「問題」を、子どもが困難に直面してうまく対処できない状況（不適応）と見れば、その困難を切り抜ける支援が必要になります。問題に対して支援ニーズというとらえ方をすることが支援の原点になるので、心配ごと・困りごとや問題行動を単に言い換えているだけではなく、その後の育ちに決定的な影響を与えるとても重要なことでもあります。自分でしたことは自分で始末しろと突き放すだけでは、支援ニーズを見出すことはできません。

不登校のような内在性問題行動については、支援ニーズとしてとらえてもらえることが多く、実際に子どものニーズに寄り添った支援が行われています。ただ、中学生とは違って義務教育ではない高校の場合は、温かく見守るだけでは単位が取れずに進級や卒業ができないことになるので、「勉強したくないならやめたらいい」とか「高校に行かないなら働け」と言って突き放す親もいますが、たいていは他の大人がとりなして支援をしているので、不登校への支援はすっかり定着していると思います。

それに対して暴力行為や非行のような外在性問題行動に対しては、世間や学校だけでなく親も厳しく対処するのが一般的で、支援以前にまずはしっかりと責任を取らせるような指導ということになります。ましてや高校生ともなれば、自分のしたことに責任を取るのは当たり前です。昨今は犯罪行為を行った少年に対して厳罰を求める風潮が強まってきてはいますが、それでも法律的には少年は原則的に処罰されるのではなく、あくまでも指導・教育という支援の対象であることは確かです。

いずれにしても、子どもの育ちを保障する子育てや教育では、問題から直接支援につながるのではなく、問題を支援ニーズに置き換えることで初めて本格的に支援は動き出します。その意味で、支援ニーズはとても大切です。

そもそも子育てはそれ自体が子どもの育ちの支援であり、子どもは支援ニーズの塊、というか大人の支援を前提とした存在とすらいえます。それは乳幼児の場合はとてもわかりやすいと思います。授乳やオムツを替えるなど、具体的な支援ニーズが誰にでもわかり、それに対してどのような支援をすればいいのかがはっきりしているので、いちいち問題を支援ニーズに置き換える作業をしなくても、ごく自然に子どものニーズに応えることができます。支援ニーズは高くても、日常の育児ルーティンとして対応できています。

思春期になるとさまざまな問題が出てくるので支援ニーズはとても高くなりますが、大人から見れば「こんなことも支援ニーズ？」と思うようなものもあって、すんなり支援とはいかないことも少なくありません。たとえば、夜遅くまでゲームをしていて朝起きられず、遅刻しそうになって親が学校まで車で送るというのは、はたして支援だろうかと疑問を持つ親もいるかもしれません。早く寝なさいと言っても聞かずに寝坊したのは自分の責任だから遅刻しても

「自業自得、勝手にすれば」と言いたくなるものです。

それでも遅刻をさせてはいけないと送っていくとすれば、今度は過保護じゃないかと親は悩んだりします。親としてはいろんな思いはあるにしても、こんな状況も支援ニーズであることは確かです。困った状態はひとまず支援ニーズとしてとらえ、そのうえでどう対応するかという問題になります。子どもの要求どおりにすることは手っ取り早い支援ですが、要求どおりにしないという支援もあります。何でもかんでもかなえてあげることが支援なのではなく、子どもにかかわることが支援の本質であり、かかわりが求められるきっかけになるのが支援ニーズなのです。

3 誰のための支援？

子どもの支援をめぐっては、その支援ニーズは誰のニーズかが問題になります。思春期になっても子どもはまだ大人に依存した存在なので、問題行動の理解や支援においてもいろいろな立場の大人の利害によって支援ニーズも複雑に絡み合うことがよくあります。ときには本人はそっちのけで、親や学校の支援ニーズばかりが注目されて、誰が主役なのかわからなくなることさえあります。

一般に、子どもへの支援の現場では子どもは独立したクライアント（依頼人）にはなれません。高校生になっても未成年であるかぎりは保護者の意向が支援にも大きく影響します。そもそもどんなに困り感が強くても、自分一人だけで支援につながることは難しく、ましてや問題行動の多くは本人から支援を求めること自体が稀なので、たいていは大人が主導して支援が進められます。本人にとっては余計なお世話ということもありますが、保護者やその他の関係者の意向で支援が行われていきます。

しかし、子どもの周りの関係者は、それぞれの立場や責任の違いによって支援ニーズも変わってきます。学校で暴力行為を起こした生徒の親は学校に厳しく指導してもらいたいと思っても、学校は被害生徒への配慮もあって生徒を謹慎させて家庭での対応を求めるかもしれません。その一方で、そこには本人のニーズがほとんど反映されていないことが気になります。加害行為や規則違反のような問題では、生徒は指導や処分の対象になるので、生徒の言い分は言い訳にすぎず、なかなか聞き入れられませんが、それこそが生徒の支援ニーズであることを忘れてはなりません。支援ニーズが問題行動にあらわれることはよくあるので、結果責任だけに注目して支援ニーズへの気づきを失わないように気をつけなければなりません。

とはいえ、高校生でも困っていることや悩みごとを言葉で伝えてストレートに支援を求めることはなかなかないので、本人の支援ニーズを知ることは簡単ではありません。何も求めてこなければ大丈夫ということではなく、周りの大人に気づく努力が求められます。しかし、どんなに親身になって心配し、気持ちを汲み取ろうとしても、本当のニーズを知ることはほとんどできません。ある程度の当たりを付けることはできますが、それはあくまでも仮説であって、真のニーズではありません。たとえ親や教師のニーズが支援のきっかけになったとしても、本人の支援ニーズを常に意識することは大切です。子どものためとはいいながら、誰のための支援なのかわからないようなことも実際にはあります。

また、子どもの育ちの支援では、子どもにとってのもっとも重要なキーパーソンである親を支援するという支援ニーズもあります。たとえば、親の精神疾患や強いストレスなどのために、親としての役割が果たせなかったり、あるいは子どもの問題に対して親の不安があまりにも強く、子どもの活動が制限されるような場合には、親を支援することで、子どもの負担を軽くして成長を促すことが期待されます。これらはたしかに親の支援ニーズではありますが、同時に親を支援することで子どもの支援につながるという子ども自身の支援ニーズでもあるので、一体的なニーズといえます。

実際の支援現場では、本人よりも親や教師の困り感のほうが圧倒的に強いこともあり、本人はそっちのけで親の話ばかりを聴いていることもよくあります。だからといって、子どもの支援がおろそかになるとはかぎりません。子どもを支援するためには、むしろキーパーソンの支援に重点を置くことで、よりよい結果につながる可能性もあります。

たしかに、子どもの育ちの支援の主役は子どもであることは言うまでもありませんが、目の前の子どもにだけ向き合えばいいというわけでもないところが悩ましいところです。しかし、この現実から目を背けることはできません。子どもの育ちを保障していくためには、子どもの問題の周縁にもしっかりと目を配らなければなりません。そしてそれを支援にも活かしていくことが効果的な支援には重要です。

4　技法よりも関係性

思春期の心配ごと・困りごとの支援は、いわゆる問題行動が出てくることで支援ニーズが明らかになり、そこから支援が始まることになりますが、その支援ニーズの多くは思春期固有の発達的課題であることから、それらに対する支援は基本的には思春期の育ちの支援ということになります。発端となる問題は多様ですが、その根底には思春期には避けて通れない苦悩があり、この悩ましい数年間を少しでも安全に乗り越えられるように支えることが育ちの支援の基本といえます。

思春期は不安定でリスクが高いので、明らかな問題行動が出ていなかったとしても支えは必要です。それはまだか細い苗木に当てる添え木や建物を建てるときの足場のようなものです。不安定な時期を過ぎれば必要なくなりますが、思春期の支えは特別なものではなく、誰にでも必要なものであり、支援を必要とすることが逸脱や異常を意味するものではありません。したがって、思春期の支援は当たり前のものであり、必ずしも特別な人、つまり専門的な資格を有する人だけが行うものでもありません。

支援といえば具体的な問題を解決することが注目されますが、思春期の育ちはそもそも不安定であり、個々のトラブルの解決をしたところで、また別のトラブルが出てくるというイタチごっこになるだけで、本質的には思春期が過ぎ去るまでその状態は続きます。どんな支援も思春期のリスクをゼロにしたり、思春期を早く終わらせたりするものではありません。リスクの高い思春期をしっかりと見守り、安全を保障することが支援の本質です。

そのために必要なことはつながりを維持するということです。親だけでなく、教師や地域の大人がつながりを持つことで、危なっかしい思春期のセーフティネットになることが育ちの支援なのです。I care about you（あなたのことを気にしているよ）という大人がいて、そんな大人がいると思えば、それだけで大きな支えになります。

ケア（care）とは世話や介助のような直接的な手助けと同時に、心配する、気遣う、関心を向けるという心遣いでもあります。どちらも子育てのとても重要な要素で、ケアは子育ての核心といえます。年少児の子育てでは直接的な手助けに多くの時間と労力が取られるのに対して、思春期の子育てでは心遣いの要素がほとんどになってきます。思春期の育ちの支援では親だけでなく、親以外の大人からのケアも求められることになります。子どもにとってとても大切な大人からのケアが思春期の育ちを応援してくれます。

ほとんどの支援者は子どもをケアしていることは間違いありませんが、大切なことは子どもがケアされていると感じているかどうかです。しかし、子どもにそう感じてもらうのはかなり大変なことで、そこが思春期の育ちの支援の最大の難関といえます。どんなに親身になって心配しても、支援者の思いを素直に受け止めてもらえないことはよくあるし、逆にあまりにも素直に受け止めすぎれば、子どものほうが支援者に気を遣って負担になることもあります。支援の中核となるケアもミスマッチやすれ違いが起きやすいので、そこが支援のもっとも重要なポイントになります。

心遣いはマニュアルどおりにできるものではありません。心から湧き出るものでなければ、どんなケアも相手には通じません。それは親も同じです。どんなに子どもを心配しても、子どもがそれをわかってくれないというジレンマはよくあります。教師やカウンセラーも同じです。子どもが大人のケアを受け止めて、ケアされることで安心や自己肯定感を持つことができるようになるためには、子どもがその人にケアされたいという思いが必要です。そのケアされたいという思いが愛着です。つまり、ケアする前提として、技法よりもまずは関係性を構築することがすべての支援の基盤です。

5　自然な育ちの一部としての支援

思春期の育ちの支援は多岐にわたります。はっきりとした支援ニーズがあってもなくても、まだ自立していない思春期には育ちの支援が不要ということはありません。激しい問題行動のようなはっきりした支援ニーズのために支援が始まったとしても、発端となった問題への支援をしているうちに、次々に支援ニーズが広がっていくこともあります。問題行動は支援の入口にすぎないので、問題行動をなくせばいいわけではありません。さらには、支援ニーズが拡散していくことで、支援の目的や目標が曖昧になって支援が迷走し中途半端になって、いつのまにか途絶えてしまうこともあります。

その一方で、思春期の問題は学校生活や卒業後の進路などにも影響するので、さしあたって目の前の問題への対応が求められ、それがさらに支援者のストレスを高めることにもなります。たとえば、出席日数がぎりぎりになってこれ以上休めば留年というような局面では、まずは明日どうするかが問題になり、なぜ登校できないのかをゆっくり考えている暇はありません。迷いや悩みが続いていても、志望校を決めて受験勉強をしなければ間に合わないからと進路の判断を迫られ、本来の迷いや悩みを支えることが許されないこともあります。

反抗や攻撃性のような思春期固有の支援ニーズは、毎日子どもに振り回されているうちに、ふと気づけば落ち着いていたりするので、何が支援だったのか、はたして支援の成果があったのかもわからなくなってしまいます。あるいは、高校生の不登校の支援では、再登校ができなければ通信制高校などに転学することで、あらためて高校教育を受けていくことが多くなっていて、たしかに高校教育の危機に直面しても転学して無事に高校を卒業できれば当面の目標達成かもしれませんが、もともと高校に行けなくなった原因はわからないままで、根本的には何の支援にもなっていないように思うかもしれません。

そんな思春期の育ちの支援は、支援はしているけれども、具体的な支援が見えない、何を支援しているのか、どうしたいのか、何のための支援なのか、考えれば考えるほどわけがわからなくなることがあります。

思春期にかぎらず子どもの育ちの支援は、病気や障害の「症状」を標的にした支援とは違って、漠然としていてとらえどころがありません。子どもは一人だけでは生きていけないので、親や大人の支援を常に受けていますが、それはあまりにも自然で当たり前のことなので、ふだんはあえて支援をしていると意識することもありません。はっきりとした問題がないかぎり、親や大人は支援を意識しませんが、だからといって支援していないわけではありません。

幼児期の子育てでは、英才教育のように大人が子どもの能力を作り上げるような支援もありますが、思春期になると外部の力ではなく、子ども自身の内部のモチベーションによって動くようになるので、モチベーションを持つことを支援することになります。すでに外部電源から内部電源に切り替わった思春期には、大人が子どもの考えや行動を操作するとすれば、力ずくで強制的に変えるか物やお金で買収するしかありません。したがって、思春期の支援では大人が直接子どもを変えることではないので、はっきりとした目的とそれに対する成果を見ることができません。

支援は子どもを大人が期待するような人間にすることではありません。あくまでも子どもが自分のモチベーションを持って、自ら成長していくことを助ける作業であり、それはまだ若い苗木が台風の暴風雨で折れないように、守るような作業です。あまりにも目的指向的になることで、自然な育ちを妨げないようにすることも重要です。支援の成果が出るとすれば、成人したあとのことなので、短期的に評価できるものではありません。

成果主義のはびこる現代社会では、子育ても具体的な指標で評価され、専門的な支援では具体的な数字であらわされるような目に見える成果が求められますが、育ちの支援はそういう性質のものではありません。育ちの支援は結果だけで評価される仕事ではなく、目の前の子どもをケアし続けることであり、つながりを持ち続けることに他なりません。適応が脅かされる状況では意識的なケアも必要になりますが、専門的な支援も含めて、すべては育ちの支援の延長線上にある人を育てる営みであり、けっして特別なことではなく、自然な育ちの一部なのです。

第10章　支援に参加する

1　誰でも支援者

思春期の問題行動は、大人にとっては厄介なものであると同時に、子どもにとっては支援ニーズの具体的な表現型であり、支援の入口としての重要な意味があります。しかし、第二部で詳しく見てきたように、思春期の問題行動の多くは必ずしも逸脱とか異常というものとはかぎらず、思春期の育ちの一部であり、きわめて自然な現象だとすれば、特別な子どもの特別な問題ということではなく、すべての子どもたちが思春期を生きていくために必要な共通のニーズがあらわれているということになります。そもそも思春期そのものがとてもリスクの高い時期であるとすれば、まだまだ未熟で不確かな若者が誰のサポートもなく自分だけの力で生き抜いて大人になることは、あまりにも無謀な冒険と言わざるをえません。

そんなリスクの高い思春期の育ちを見守って支えるのは親だけの責任ではなく、かといって専門的なプロの支援者に任せておけばいいものでもなく、社会全体で担っていくべきものです。なぜなら、思春期の育ちは家庭や学校の中だけでおさまるものではなく、活動の場が地域社会に広がり、大人との接点が多くなることで、必然的に育ちにかかわる人が増えていくことになるからです。新たな世界に踏み出し、試行錯誤の中で自分の生きていく道を見つけていく作業に、大人たちの協力は欠かせません。まだ未熟で迷いと悩みばかりの若者たちが出会う大人たちが、敵ではなく、不安を受け止めてくれる支援的な大人であったら、どんなにすばらしいことでしょう。そんな支援的な大人の存在が、思春期のリスクから子どもたちを守る保護因子になります。

支援者になるためには思春期についての知識や支援技術がなければならないと身構えるかもしれませんが、特別な資格や知識・技術がなくてもふつうの人が親になって子育てをしていくのと同じように、大人として思春期の育ちにかかわっていくことは自然なことです。もちろん、どうすればいいかわからずに困惑したり不安になったりすることはありますが、それも子どもを育てる親が日常的に直面していることと同じです。いわば素人の親がそれでも頑張って子育てをしているのは、親としての責任感からというより、親という意識があるからだと思います。大人として子どもの育ちを支えていくのは、知識や技術ではなく、意識の問題ではないでしょうか。何ができるかということよりも、支援にかかわるという意識さえあれば、きっと誰でも思春期の育ちの支援者になることができるはずです。

もちろん一人ひとりの支援者ができることには限界があり、一人があらゆる支援ニーズに対応できるわけではありません。いくら子どもの力になりたいと思っても、実際に何をすればいいのかわからずに戸惑っているうちに、結局何もできないということもありがちです。そんな体験をすれば、いくら支援者としての意識があってもすぐに萎えてしまって、手を引いてしまうことになりかねません。

常識的に、支援といえば困っている人を助ける、苦痛を和らげるというような問題解決指向をイメージするので、何か具体的な結果を出さなければならないと思うものです。しかし、思春期の問題のほとんどは明快な答えはなく、さらに大人への途中経過である思春期の育ちには具体的な結果が出ることはありません。思春期の育ちの支援は、迷い・悩み・不安に寄り添ってケアすることであり、迷い・悩み・不安を取り除いて楽にしてあげることではありません。それはプロの支援者にもできません。

思春期の育ちの支援にはカリスマ的な支援者やスーパースターのような治療者が必要なのではなく、ごくふつうの大人の存在そのものが重要な支援の資源になります。出口の見えない真っ暗なトンネルを進むような思春期には、大人が見守ってくれているだけでも安心感がずいぶん変わります。それはわが子の成長を見守る親の思いと変わりません。思春期の育ちの支援が家庭での子育ての社会への延長であるとすれば、それはきわめて自然な営みであり、誰もが支援者になれる可能性があるはずです。

2　支援の連続体

最近では子育ての情報が豊富になり簡単に手に入るようになってきたことで、子育ては誰でも当たり前にできる自然な営みというよりも、「正しい子育て」を学んだり指導を受けたりする必要がある、より専門的な技能になったような風潮があります。現代の子育てには知識と技術が不可欠だとすれば、ましてや他所の子どもの育ちの支援となれば、さらに高度な知識だけでなく経験も必要になると身構えても不思議ではありません。しかし、子育てにしても日常的に特別なことだけをしているわけではなく、ごく自然なかかわりがたくさんあります。そんな「当たり前」と思っていることでも、子どもの育ちへの支援であることに変わりはありません。「こんなことも支援？」と思うほど、育ちの支援には多様性があります。

思春期の育ちの支援は、誰にでもできるごく自然なものから、より専門的で介入的なものまでの連続体として理解することができます（次頁、図5）。一般に支援ニーズの強度の高い支援は専門性が高く、誰でも支援者になれるわけではありませんが、比較的支援ニーズの低い見守り・ピアサポートやメンタリングは、むしろ専門家よりもふつうの人たちが支援者として重要になります。それぞれの人が自分の立場や特性に応じて、自分の役割を意識して支援することで、裾野の広い育ちの支援が実現します。

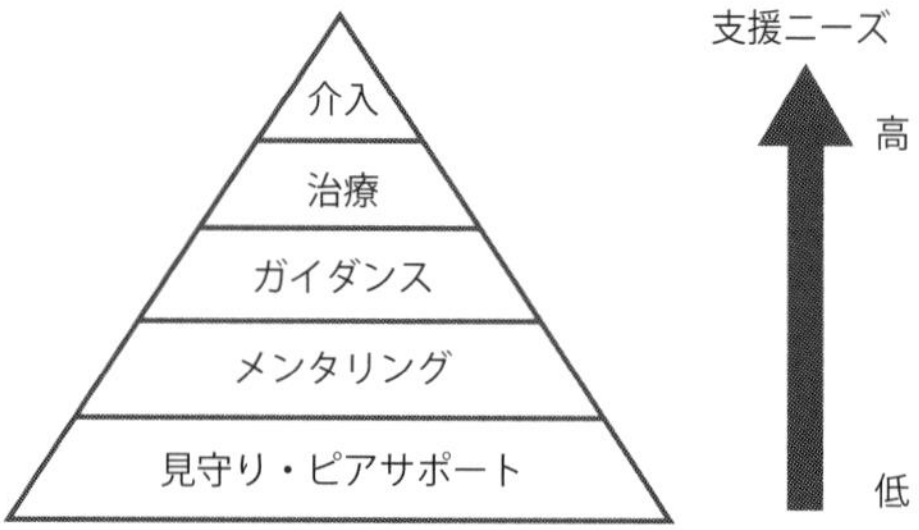

図５　思春期の育ちの支援の連続体

もっとも基本的な支援が見守りとピアサポートで、これはすべての支援の土台になります。それはまさにケアであり、心配する、気遣う、関心を向けるという心遣いです。親や大人がするのが見守りであり、友だちがするのがピアサポートになります。思春期には友だちとのつながりが強くなるので、ピアサポートに頼りがちですが、大人のケアがなければ育ちのリスクが高まるので、大人の見守りがあってこそのピアサポートであることが重要です。友だちにすべてを託して大人が手を引くわけにはいきません。

思春期の迷い・悩み・不安という基本的な支援ニーズに対しては、メンタリングという支援があります。自分の存在に迷いながら大人としての生き方を模索していく思春期には、メンターという存在が重要で、メンターによる支援をメンタリングといいます。メンターとは仕事や人生の指導者・助言者という意味で、成長を助けてくれる人のことを指します。友だちとは違って、相談だけでなく、良いアドバイスをもらって目標を見つけたり、背中を押してもらったりするのがメンタリングです。

メンターは親以外の大人が必要になる思春期にはとくに重要になります。

具体的な悩みや問題に対して、どのように対処したらいいのかを相談して、助言や指導を受けるのがガイダンスという支援になります。自分だけではどうしていいかわからないときには、しかるべき人に相談することが助けになります。心配なことをしっかりと聴いたうえで、問題を整理して対処法を助言したり、情報を提供したりします。特別な問題だけでなく、進路の悩みや対人関係の悩みなど、思春期には相談ニーズは高く、学校だけでなくさまざまな専門機関の相談もあります。電話やメール、ＳＮＳでの相談など、さまざまな支援へのアクセスが用意されています。

苦痛や症状が著しい場合には治療が求められます。治療といえば病院やクリニックなどの医療機関で受けるというのが一般的ですが、心理的な問題に対するカウンセリングや心理療法、発達障害に対する療育なども治療的な支援に含まれます。また、医療機関での治療についても、治療薬による薬物療法のような身体的な治療だけでなく、病気や障害についての知識や療養方法を伝える心理教育や症状に応じて環境を整える環境調整のような心理社会的治療とよばれるものも含まれ、治療方法にも多くのバリエーションがあります。

もっとも支援ニーズが高い状況に対しては介入が行われます。激しい興奮状態で自身や周囲の人にも危害が及ぶおそれがある場合、自殺のおそれが高い場合、家を飛び出して帰るところがない、あるいはいじめ、暴力、虐待などの被害を受けている場合などには、緊急的に介入して安全を確保しなければなりません。適正に対応するために行政権限の行使が必要な場合もあるので、警察や児童相談所のような公的機関の関与が求められることもあり、非常に高度な支援といえます。また、非行で警察に補導されたり事件を起こして逮捕されたりすることがありますが、これらも問題行動への介入であり、支援の一部ということになります。

3　役割と責任

育ちの支援においては、支援ニーズに合った支援を提供することが基本ですが、実際には、「誰が」「どこで」という支援者側の要因も重要になってきます。というのも、育ちの支援の土台は関係性なので、支援ニーズ自体が相手や場所によって変わり、支援の意味も変わってくるからです。また、たとえば学校の教職員の場合には、担任、生徒指導、校長などの立場によって役割や責任が異なり、どの立場でかかわるかによって支援ニーズや支援の内容も変わるので、ただ教師というだけではなく、本人との関係性を認識する必要もあります。

親は子どもの育ちのすべてにおいて、もっとも重要な役割と責任があることは言うまでもありません。ただ、年少児を育てているときとは違い、思春期になると役割や責任は少し曖昧になって具体的に何をしなければならないのかがわかりにくくなります。生きていくための衣食住と教育を保障することが基本ですが、子どものすべての支援ニーズに対して支援をすることは現実的に不可能であるばかりか、むしろ親にはできないことが出てくるのが思春期の育ちの大きな特徴とさえいえます。にもかかわらず、何から何まで親が支援しようとすれば、子どもは親に縛られて自分の生き方を見つけられないジレンマに苦しむことになるかもしれません。

親だからといってわが子に必要な支援をすべてできるわけではないからこそ、支援者のネットワークが必要なのであり、とりわけ親以外の大人のかかわりは重要になります。しかし、どうしても他者には任せることができないことが、子どもとの愛着関係をしっかりと持ち続けることです。思春期のリスクから子どもを守るためには、親への安定した愛着が不可欠ですが、思春期には親から離れて友だちに傾倒することで、それまでの愛着が危機に陥ることがあります。子どもの愛着を維持するためには、親は子どもを引き寄せる努力を続ける必要があります。それはまさに子どもをケアすることで、親の存在が子どもから見えなくならないようにすることが最大の役割ということになります。

子どもが接する親以外の大人としてもっとも身近な存在が学校の教職員で、必然的に育ちの支援にもかかわりが大きくなります。しかし、生徒の支援ニーズは一人ひとりで異なるので、それに合わせて支援すべきですが、学校は集団的な活動の場なので、個別的な支援には限界があります。また、学校には日課や規則があり、個別的なニーズに臨機応変に対応することにも限界があり、支援としてできることに制約があります。それでも、思春期の支援ニーズの多くは学校で顕在化してくるので、学校が最初に気づき、支援の起点になることが多く、思春期の育ちの支援の最重要拠点であるという現実からは逃れようがありません。そこでの教師の役割はとても重要になります。

しかし、支援者の役割と責任という点で教師は複雑です。学校の中で教師は指導者である一方で生徒の安全を守る責任もあり、あるときは生徒の悩みを聴くこともあれば、またあるときは厳しく指導するという、場面に応じていくつもの顔があります。悩みごとの相談とやる気のない生徒の指導とはまったく反対のことのように見えるかもしれませんが、どちらも支援であることには変わりありません。教師としての立場上、生徒に対してすべきことは比較的わかりやすいと思いますが、支援者としての役割を果たすためには、生徒の問題をいったん支援ニーズに置き換える作業が必要になります。支援ニーズに気づくだけで、生徒はケアされているという安心感につながります。立場上、どうしても結果を出すことが求められがちですが、育ちの支援はなかなか成果が見えません。そんな焦りに対しては、教職員同士の支え合いや外部の支援者との連携が有用なので、一人だけで抱え込まないようにすることが大切です。

家族や学校の教職員以外にも、多くの大人たちが支援者になりますが、それぞれの立場によって役割や責任があって、自分の思っているようにできるとはかぎりません。それでも、すべての支援者に共通するのは、子どもとの関係性を築くことであり、関係性なくして支援はありません。親であっても関係性はさまざまで、ときには最悪の関係になっていて支援どころではないこともあります。担任だからといって生徒が支援を受け入れるともかぎりません。何をするかという前に、まずは関係性、つまりつながることが支援の基盤です。

4　支援ニーズへの気づき

介入や治療のような専門的な支援では、支援を必要とする子ども（あるいは保護者）が支援を求めることで支援が始まるので、支援者は依頼を受けて支援を始めることになります。たしかに、周りの人たちが一度病院で診てもらったほうがいいと思っても、本人あるいは親にまったくその気がないということもよくありますが、医療は患者と医師との契約にもとづくもので、本人の意志がなければ成立しません。このように、専門的支援には本人の支援ニーズの認識があり、それが支援の起点として明確です。

それに対して、幅広い人たちが参加する育ちの支援の場合は、支援者としての関係性があったとしても、支援者が支援ニーズに気づかなければ支援にはなりません。外在性問題行動は否が応でも支援に巻き込まれることになりますが、内在性の問題は外から見えにくいだけでなく、本人がはっきりと助けを求めないこともあるので、支援ニーズがわからずに支援のきっかけがつかめないこともあります。思春期の育ちは支援ニーズに溢れていても、それに気づかなければ支援にかかわることもありません。助けを求めてくるのを待つのではなく、微妙なＳＯＳのサインに気づくことが支援者には求められます。

支援ニーズの気づきについて、第8章に登場したアキラ君とヨウコさんのその後の経過を踏まえて考えてみます。

アキラ君の場合は、もともと対人不安が強く、やんちゃな生徒が多いクラスにはなじめず担任に助けを求めましたが、担任はアキラ君はおとなしくて真面目な生徒で成績も良かったので、とくに指導を必要とする生徒とは見ていませんでした。担任にしてみれば、指導に従わない生徒やドロップアウトしそうな生徒に目を向けがちで、多少不安の高い生徒であっても出席や成績が良いことであまり心配することはないと思い込んでいたのかもしれません。

しかし、アキラ君自身はすでに中学校でクラスに適応できずに苦労し、第一志望の高校に入れず、しかたなく入学した高校で、あまり勉強しない生徒たちの中で授業を受けるのはとても苦痛でした。それでも無理に登校しているうちに、何のために高校に行っているのかわからなくなり、そんな思いで担任に相談したのですが、そんな迷いや悩みは担任には伝わらず、そこからアキラ君は気力がなくなり、やがて登校できなくなりました。

一方、アキラ君の両親は中学校のときのことや高校受験の経緯も知っているので、高校に入ってから順調に登校していてもアキラ君を注意深く見守っていました。担任はうまく支援ニーズをとらえることができず、欠席が増えて留年することになりましたが、両親が支援ニーズに気づいていたので、自宅で休むことで苦しさは和らぎ、自らの意志で通信制への転学を決めて、再スタートを切りました。

ヨウコさんの場合は、学校でのリストカットという明確な問題に対して、担任だけでなく養護教諭や教頭も一緒になって対応しましたが、学校としてはヨウコさんの支援だけでなく、リストカットを見せられたり、「死にたい」というメールを送りつけられた生徒への対応もしなければならならず、どう支援するか苦慮しました。そこで学校から教育相談や精神科クリニックでの支援につなぐことにしましたが、学校側からは母親はあまり深刻にとらえていないように思われ、問題意識のギャップが感じられていました。

不登校になってからは相談機関での支援が中心になり、そこで母親がヨウコさんに感情を出さないのは、父親がヨウコさんのことで機嫌が悪くなるので、父親を刺激しないように感情を出さないようにしていたことがわかりました。ヨウコさんは、何をしても感情を示さない母親から見捨てられているような不安が高まって自傷がエスカレートする悪循環が見えてきたことで、支援の中心は母子関係の調整になりました。母親への依存欲求を肯定し、母親との情緒的交流を促すことで、ときに母親に激しい反抗を出すようにもなり、過大な対人的な負担を軽減するために生徒の少ない夜間部へ編入し、高校は続けることができました。

学校の立場では家庭の支援ニーズまで気づくことは難しいことがありますが、他の支援者の視点が入ることで隠れた支援ニーズが気づかれて支援が進むこともあります。先入観や固定観念に縛られることなく、支援ニーズに気づこうとする姿勢をしっかりと身に付けることが育ちの支援ではとても大切です。

5　保護因子としての支援者

思春期の育ちの支援は、子どもとの関係性の中で支援ニーズに気づき、見守り、ケアすることが基本となりますが、より専門的な介入や治療と比べると、見守りやケアは何もしていないように感じるかもしれません。子どもに対して何か具体的なアクションを起こしているわけでなく、「大丈夫？」と声をかけたところで口先だけの支援で所詮は何もしていないと自己嫌悪に陥るかもしれません。そんな支援の不全感のようなものは、支援者としての意識が高ければ高いほど強くなり、自責的になったり罪悪感を持つ可能性すらあります。

支援者としては、何か具体的な支援の手段や技術を持っていれば、そんな負い目を感じることなく、もっと自信を持って支援ができると思うことでしょう。実際に、支援者の中にはそんな具体的な支援方法を求めて、さまざまな心理療法プログラムを学んで実践するようになる人もいます。それは支援者としての自己研鑽であり、とても有意義なことですが、支援者の不全感の主な要因は、想定される期間の中で期待されるような結果がなかなか出ないことではないかと思います。前項で紹介したアキラ君もヨウコさんも、学校や親の支援にもかかわらず、結局最初の高校は続けられず転学する結果になっていて、当初の支援ニーズには応えられていません。

しかし、支援者が不全感、焦りや不安を抱くことは、それ自体がケアをしている証拠でもあります。そもそも見守りとはそういうものです。苦悩している人を見守ることは楽なことではありません。往々にして本人よりも見守っている人のほうが苦しいこともあります。支援者が心配しすぎると、それがかえって本人にプレッシャーになって気を遣わせることになると懸念されることもありますが、本人がそう思うとすれば、それこそがケアされているという意識といえます。そこに確かに育ちの支援があります。

そもそも正常な思春期があるわけではなく、思春期の迷い・悩み・不安は明快な答えが見つかって解決するものでもないとすれば、思春期の育ちの支援は具体的な目標を設定するものにはならないので、その支援を結果で評価することはできません。間違ってはいけないのは、子どもが自分自身の目標を達成したとすれば、それは子どもの成果であって、親や教師の支援の結果ではないということです。育ちの支援はあくまでも伴走型の支援であり、子どもが自分の道を進むのをアシストしているにすぎません。

伴走型の支援では、できるだけリスク因子を減らすことで安全な経路に導くことが求められますが、そもそも思春期を生きること自体がリスクなので、リスクを排除することで安全を保障することはできません。だからといって、泳げない子どもを海に投げ出して泳げという指導が正当化されることはありませんが、思春期はリスクと向き合っていかざるをえない宿命があります。

　そんな思春期の育ちの支援の中心は、リスクに対する保護因子を強化することになります。保護因子とはリスク因子の影響を減少させる要因で、思春期の攻撃的な問題行動に対する保護因子としては、①親やその他の大人との温かく支持的な関係、②学校に登校している、学校活動への参加、③通常の活動をしている友だちがいる、などが知られています[13]。これらに共通するのは、支援者とのつながりで、孤立無援にしないことが最大の保護因子となることを示しています。実際の支援では、見守りやピアサポートがこの役割を担うことになります。

　つまり、支援者としての大人の存在そのものが保護因子であり、思春期の育ちを守る役割を果たすことになるのです。それはどんな専門的な支援にも引けを取らない重要な思春期の育ちの支援であり、一人でも多くの大人が参加することで、思春期の育ちのセーフティネットが広がります。

13　ダニエル・F・コナー（小野善郎訳　2008）『子どもと青年の攻撃性と反社会的行動――その発達理論と臨床介入のすべて』明石書店

第11章　専門的支援との連携

1　サービスの利用

より高い支援ニーズに対する介入や治療のような支援は、誰にでもできるものではなく、専門的な教育や訓練を受けて一定の資格を有する人が専門機関で行うものということで、専門的支援と位置づけられます。前章で説明した支援の連続体の中では、ガイダンス、治療、介入が専門的支援ということになります。ただし、同じタイプの支援でも、基盤とする背景は多様で、教育、医療・保健、心理、児童福祉、障害福祉、さらには警察・司法まで、非常に幅広い支援があり、問題へのアプローチや支援の方法もそれぞれに特徴があります。なかには法律や行政制度によって規定された支援や強制的な権限を行使することができるようなものもあり、たしかに誰にでもできるような支援ばかりではありません。

もっとも高い支援ニーズに対する支援は危機介入といわれるもので、他者や自分自身を傷つけたり物を破壊したりする激しい攻撃性や自殺のおそれが高い、著しい情緒不安定や精神病状態のために家庭や学校では対応できないような場合は、緊急的に行動を抑制し安全を確保する必要があります。周りの大人たちだけでは対処できない場合は警察の協力を要請する場合もあります。精神障害の疑いがある場合は、精神科救急医療を受診して、必要があれば精神科病棟での入院治療につなげることもあります。

不安定な思春期の育ちでは、危機介入を必要とするような状況はいつ起きても不思議ではないので、常に対応できるようにあらかじめ準備しておくべきですが、実際にはめったにないことなので、なかなかうまく支援を利用できないこともよくあります。しかし、思春期の育ちの支援は最終的にはセーフティネットなので、危機介入はリスク行動の最後の砦として準備しておくことが重要です。消火器のように常備していても使わないにこしたことはありませんが、親だけでは手に負えないようなリスクの高い問題が起きたときに、助けを求めるところがあればとても安心です。

危機介入は子ども自身が求めるものとはかぎらないので、サービスの利用というのは違和感があるかと思いますが、基本的に専門的支援は何らかの目的のために専門的なサービスを利用するものです。危機的状況では本人は混乱しているので自分からサービスを求めていけませんが、本人にかわって親や支援者が専門的なサービスを利用して安全を守っていくことになります。また、思春期にはただでさえ親や教師に助けを求めようとしないことが多いので、専門的な支援を必要とするような支援ニーズがあっても、本人が嫌がって動こうとしないこともよくあります。そんな場合もやはり親や支援者が適切なサービスにつなぐ支援をしなければなりませんが、いずれにしても専門的支援は一方的に押し付けられるものではなく、本人（または支援者）が支援ニーズを認識して利用するものです。

つまり、専門的支援は基本的には利用者と支援者との間の契約にもとづくサービスだということです。商品を買うわけではないので契約といってもピンとこないかもしれませんが、たとえば医療は患者と医師との間の契約にもとづく行為で、その対価として患者は医療費を支払います。どの医師に診てもらうのかは患者が決めることで、どんな治療をするのかも最終的には患者の判断になります。公認心理師のような専門家が行うカウンセリングや心理療法でも、（料金の有無にかかわらず）クライアントとの契約にもとづいて行うのが原則です。

サービスを利用するということは、支援に参加するということを意味します。与えられるものを受け取るという受け身の姿勢ではなく、自らの意志で一緒に支援を作り上げていくということになります。専門的な支援を必要とするような高度な支援ニーズに対しては、本人も周りの大人たちも混乱していることが多く、ともすれば専門家にすべてを託して受け身になりがちですが、自分からサービスを利用する意識をしっかりと持つことが、専門的支援をより効果的に活用するためには重要です。

専門的支援といっても専門家が何もかもしてくれるわけではありません。思春期の育ちの主役はあくまでも子ども自身であり、専門的な支援者であったとしても、支援者が主役としてすべてを決めて動かしていくものではありません。支援ニーズの高さはリスクの高さを反映したもので、専門的支援はより高度な安全のための枠組みを提供するのがいちばんの役割です。

2　専門的支援の意義

資格を持った専門家による治療や介入というと、どこか物々しく権威的なイメージがあり、初めて利用するときには敷居が高いと感じたり緊張したりするかもしれません。それでも専門的支援を利用するのは、それなりの理由と目的があり、多くの場合は心配ごと・困りごとがなかなかうまく解決できず、不安やストレスが高まっているからだと思います。思い切ってサービスを利用することで、膠着状態を打開して、心配ごと・困りごとから逃れたいというのが誰もの本音だと思います。

しかし、これまでに繰り返し説明してきたように、そもそも正常な思春期というものはなく、心配ごと・困りごとも思春期の育ちの一部であり、思春期の間は迷い・悩み・不安がなくなることはありません。思春期の育ちの支援は、思春期の問題を解決するというよりも、この不確かで不安に満ちた時間を生きる子どもたちを見守ってケアすることであり、それは専門的支援でも同じです。専門的な支援だから見守りやガイダンスでは解決しない問題を解決することができると過信するのは禁物です。

専門的支援のメリットは、介入についてはより確実なリスク管理です。なかには強力な権限を伴って、子どもの行動を制限することで安全を守ることができるような支援もあります。思春期の育ちはリスクに溢れているので、育ちの支援では常にリスクへの配慮が必要になります。そのときの状況によってリスクのレベルは変動しますが、より高いリスクに対してはより専門的な支援が必要になり、それらが全体として思春期の育ちのセーフティネットになります。どんな強力な危機介入も、あくまでもリスクに対する安全の確保の手段であって、問題の解決そのものではありません。

治療に関しても、そもそも思春期の問題は「逸脱」でも「異常」でもないとすれば、「治す」というものではありません。不適応的な行動を「修正」するように試みたり、一時的に不安の軽減を目指すことはあっても、やはり問題が解決するわけではありません。治療を受けながらも、迷い・悩み・不安が消えることはないのです。

思春期の育ちの支援での「治療」は、より正確には「治療的」というべきもので、比喩的な言い回しです。つまり、心配ごと・困りごとを「症状」としてとらえ、それがどんな問題かを「診断」して「治療」するというように、支援を医療になぞらえているわけです。とはいえ、「治療」とか「セラピー」といわれると、「悪いところを治す」というメッセージになりやすいので注意しなければなりません。

専門的支援としての治療の意義は、現在直面している問題をどのように理解して対応するのかを考える理論的枠組みを提供することにあります。複雑でわかりにくい思春期の問題を精神医学や心理学、さらには社会学や哲学などの理論にもとづいて見立てて、本人と親、支援者が理解を共有し、不安を軽減してケアをしていくことができます。つまり、一人で悩んでいると煮詰まってしまって悲観的になりがちですが、専門家が迷い・悩み・不安をわかりやすく説明してくれて、それに対してどう対処すればいいかを示してくれることで安心感が得られるのが治療のメリットです。ここでひとつ注意しなければならないことは、治療者の説明はあくまでも理論的な推測であって、真実ではないということです。ここでも「正解」はないということは同じです。

もうひとつの専門的支援のメリットとして支援者への支援ということも重要です。なかなかすっきりと解決しない問題に向き合う支援者は、その役割や責任を意識すればするほどストレスが高くなり、さらに自分の力不足ややり方が間違っているのではないかと悩んだりします。支援者がストレスや不安で潰れてしまっては大変です。専門的支援を利用することは、子どもの支援ニーズがメインであることは確かですが、支援者にとっても新たな視点から理解できたり、対応へのヒントが得られたりすることで、とてもメリットがあります。もっとも近くで見守る支援者を支えることも専門的支援の重要な機能です。

3　医療への期待と限界

治療においても介入においても、専門的支援の中で医療はとても重要な支援の方法であり、思春期の育ちの支援における存在は次第に大きくなってきています。最近、思春期の心配ごと・困りごとについて、医学的（主に精神医学的）な説明（診断）と医療での対応（薬物療法など）が増えているので、思春期の育ちの支援にかかわる支援者にとっても医療は身近なパートナーになってきていると思います。とくに、特別支援教育や児童福祉の領域では、医療と連携する機会は非常に多くなっています。

専門的支援の中でも医療はとくに専門性が高く、とりわけ「診断」と「治療」をほぼ独占していることで、他の支援者や支援機関ではできない役割を担っていますが、思春期の育ちの支援としてはあくまでも支援モデルのひとつであり、けっして特殊な支援をしているわけではありません。医学的な理論をベースとして、思春期の心配ごと・困りごとの「なぜ？」を説明し、治療によって不安やリスクを軽減することで、不確かな思春期を乗り越える手助けをしているだけで、他の支援と基本は変わりません。

しかし、医療には他の専門的支援にはない三つの強力な武器があることで、育ちの支援において重要な役割が期待されています。

ひとつ目は入院治療です。激しい興奮や攻撃性を示して自身や他者に危害が及ぶおそれがある場合には、精神科病棟に入院させて治療することでリスクを軽減することができます。一般に入院治療は本人の同意が原則ですが、精神科医療では必要な要件を満たせば本人の同意がなくても入院させて行動制限をすることができます[14]。入院の適否の判断は医師であれば誰でもできるのではなく、厚生労働大臣が指定した精神保健指定医でなければなりませんが、強制的に入院させることで安全を確保できるのは医療の強力な武器といえます。

ふたつ目は薬物療法です。不適応に対して環境調整をしたり、心理的な問題に対して心理療法をしたりしても、情緒的な混乱が強く、不適応行動が続くような場合には、薬物療法が行われることがありますが、他の治療的支援とは違って、治療薬の処方は医師でなければできません。ただし、情緒や行動の問題に対する薬物療法は、あくまでも症状を緩和する対症療法であって、根本的な病気の治療ではありません。さらに、薬物療法には常に望ましくない影響（副作用や有害作用）もあるので、薬のメリットとデメリットのバランスを考慮して治療しなければなりません。

最後は診断書です。本来、子どもの支援ニーズに対して医師の診断書は不可欠なものではありませんが、福祉サービスや、さらには学校での特別支援教育や合理的配慮のような支援を受ける場合に、医師の診断書が求められることが増えてきているので、診断書が事実上の支援の必要条件になってしまいました。診断書を作ってもらうためには病院を受診しなければなりませんが、診断書のための診察はそれ自体が治療というわけではなく、あくまでも手続き的な作業にすぎません。しかし、サービスや制度の利用のためには診断書が必要で、それは医師にしかできないことであるとすれば、診断書を作成することも重要な専門的支援であり、医療にしかできない武器といえます。

より高い支援ニーズに対して支援をしていく過程では、どうしても医療の役割が必要になることはあり、そこに何らかの効果を期待することになりますが、影響力が大きい専門的支援であるからこそ、その限界についてもしっかりと理解しておくことが大切です。たしかに医療には他の専門的支援にはない強力な武器はありますが、けっして支援の「最強の切り札」ではなく、使い方を間違えば深刻な問題が生じることがあることも忘れてはいけません。

思春期の支援ニーズは環境との相互作用のミスマッチや不適応に起因するもので、脳神経系も含めた身体的な要因、すなわち疾患によるものではないので、薬物療法が第一選択になることはありません。医療モデルで支援する場合は、まずは心理社会的治療を十分に行っても効果が得られない場合に薬物療法は検討されるものです。また、薬物療法を行う場合は、あらかじめ目的と標的症状を明確にしたうえで、定期的にモニタリングを行って、漫然と継続しないよ

14　精神保健福祉法による入院制度として、知事の命令による措置入院や家族の同意を必要とする医療保護入院などがある。

うに注意しなければなりません。そのためにも日頃の支援者の見守りや協力はとても大切になります。

4　中途半端な高校生

高校生の迷い・悩み・不安の深さを考えれば、この年頃の子どもたちの支援ニーズが高いことは想像に難くありません。さらに最近、巷間で盛んに取り上げられる発達障害やメンタルヘルスの問題は、より専門的な支援の必要性をさらに高めています。まもなく大人の世界にデビューしていかなければならない高校生には、さまざまな面での支援が必要ですが、そんな高校生の支援ニーズに対して、必要なサービスが十分に用意されているとはいえず、専門的支援の利用に際してはとくに注意が必要です。

専門的支援のサービス提供では、高校生はとても中途半端な立場にあり、そのために必要なサービスにアクセスできないという問題があります。医療や福祉の制度は成人と子どもとで分けられているものが多く、高校生はちょうど子どもと大人の境目にあって、どっちつかずで悩ましいことがよくあります。そして最悪のケースとして、制度の狭間に落ち込んでまったく支援が受けられないということも起こってしまいます。

たとえば、医療は身近でわかりやすい例かと思います。医療サービスは大人と子どもに分かれていて、子どものためには小児科があり、精神科にも児童精神科という子どもを対象とした診療部門が用意されています。現在では制度的に小児科の対象年齢の上限は定められてはいませんが、子どもを対象とした専門的な診療部門の多くは15歳以下（中学生以下）を対象としているところがほとんどで、「思春期外来」という看板を出していてもやはり中学生が対象ということで高校生は断られてしまうこともあります。病院の患者としては、高校生は大人ということになります。

たしかに身体のサイズとしては大人に近づいているので、大人の医療でもいいかもしれませんが、精神科医療に関しては大人とはまったく異なる心理状態にある思春期を大人と同じように診療するのには無理があります。さらに、本書で何度も繰り返しているように、思春期独特の心の問題の多くは「逸脱」や「異常」ではありませんが、成人の精神科医療の診断基準に照らせば病気と診断することが可能なので、大人として精神科医療を利用すればみんな精神疾患の患者になって薬を手放せなくなることも懸念され、それは現実の問題になっています。

児童福祉の支援サービスについては、法律的に児童は18歳未満と定義されているので、高校生も対象になりますが、やはり支援対象の中心は中学生以下が主になっていて、高校生に十分な支援ができていない現実があります。情緒・行動上の問題で支援ニーズの高い子どもを支援する児童福祉施設である児童自立支援施設や児童心理治療施設は、ほとんどの入所児童が中学校を卒業して高校に進学するタイミングで退所していて、事実上中学生までの支援施設になっています。つまり、児童福祉サービスでも高校生の年代は支援の空白になっているという現実があります。つまり、高校生は子どもから大人への移行期のリスクに加えて、支援制度の移行期とも重なることで、さらなるリスクを抱えているということです。

高校生の支援ニーズや支援の方法について理解をしても、実際の支援では支援体制の不足や制度上の制約などのために、必要な支援を必要なときに利用するためにはいくつもの障壁があります。ですので、高校生の育ちの支援は何を頼りにすればいいのかもわからない、まさに思春期のトンネルを通っているような不確かさから逃れようがありません。しかし、どんなに支援ニーズが高くても、それらは基本的には自然な思春期の育ちの一部であるとすれば、まずは土台となる基礎的な支援をしっかりと築くことが何よりも重要です。それは専門的支援でも同じ――大人の見守りです。

5　積極的見守り

思春期の問題はすっきりと解決しないものだと頭で理解したとしても、いつまでも心配ごと・困りごとが解消しないまま見守っていると、支援ニーズが高くなってきたのではないかと思うかもしれません。このまま見守っているだけではいけないのではないかという焦りが、もっと積極的な支援につなげなければという思いになり、より専門的な支援を求めて行動するかもしれません。実際に専門的支援のひとつである精神科医療には、そんな不安から受診する高校生が親に連れられてきます。

しかし、思春期の問題は一見精神症状のように見えるものも含めて、ほとんどは病気ではなく、それは思春期の育ちの一部であって、きわめて自然な現象です。さしあたって現在の状態に病名を付けることはできたとしても、けっして本当の病気として治療するというものではありません。もちろん、もしかしたら病気ではないかと心配して早めに受診することは悪いことではありません。実際に、高校生の年代には統合失調症や双極性障害などの精神疾患が発症することがあるので、念のために専門医の診察を受けることは意味があります。ただし、本格的な治療を要する程度の精神疾患と診断されることはそれほど多くはありません[15]。

診察する医師の立場としては、何らかの診断を告げて病気として説明するほうが楽といえば楽です。というのも、そもそも精神疾患などまったく心配していない親はわざわざ子どもを精神科に連れてくることはありませんが、実際に受診させた親は病気だと言われるのを覚悟してきているので、診断を告げられて「腑に落ちる」ところがあります。反対に、「病気ではない」と言われても、それでは今の状態はどう理解すればいいのかさらに悩みが深まって複雑な表情

15　筆者自身の高校生を対象とした思春期外来の経験では、治療を要する程度の精神疾患と診断されたのは約５％程度。

を見せます。医師はそんな親の不安にも配慮しながらていねいに説明しなければなりません。ただし、病気ではないからといって心配ないということではありません。医療としては矛盾するかもしれませんが、思春期の問題は病気ではないけれども思春期外来では診療の対象であり、しっかりと支援していく必要があります。少なくとも本人に支援ニーズがあるかぎり、それがたとえ思春期には自然なことであったとしても、医療的な支援から排除されるものではないと思います。

医療の役割は病気の診断をして治療することですが、思春期外来でしていることは親の期待に反して病気と診断せず、治療薬を処方するような積極的な治療をするわけでもなく、ただ子どもの話を聞きながら「しばらく様子を見ましょう」なんて言っていたら、そんなのは医療でも専門的支援でもないと言われるかもしれません。たしかに、医師としても病名を付けて処方箋を出すほうがわかりやすい医療ですが、安易に病気として説明することで思春期の心の苦悩を受け止める感性が妨げられることもあります。

専門的支援には具体的で即時的な成果が期待されるので、「様子を見る」などということは消極的で問題を先送りしているように思われてもしかたないと思います。しかし、専門家として「様子を見る」ということは、実はきわめて専門的な責任の重い支援ではないかと思います。なぜなら、様子を見るという判断は、現在のリスクをしっかりと理解し、そのリスクに対する対応の見通しを持っていなければできないことだからです。そこには支援者としての覚悟が必要です。それは「絶対に見捨てない」という覚悟です。

そんな覚悟に裏付けられた専門家の見守りは、けっして消極的な支援ではなく、積極的見守りといえるものではないでしょうか。そして、専門的支援においても、もっとも基本になるのは見守りです。その点で、すべての思春期の育ちの支援は一貫しているのです。

第12章　次のステージへ

1　嵐が去るのを待つ

嵐の到来のような思春期の幕開けから、大きな混乱や予期せぬトラブルもあり、子ども自身にとっても親にとっても、そして支援者にとっても大時化《しけ》の日々が続きますが、過ぎてしまえばほんの数年間のことにすぎず、いつのまにか「そんなことあったっけ？」と記憶も曖昧になってしまいます。この数年の間に子どもは大きく成長し、新たな秩序ができあがって次のステージ、すなわち成人期にコマを進めていきます。

心配、不安、苦労がたっぷりの思春期の間は、とにかく目の前の問題への対応に追われますが、そんな思春期の問題がそれ自体は自然な発達の一部だとすれば、支援の目標は問題の解決や治療ではなく、無事に次のステージに移行するのを見届けることだということになります。つまり、何かとリスクの高い先の見えない思春期というトンネルを通り抜けるまでの間しっか

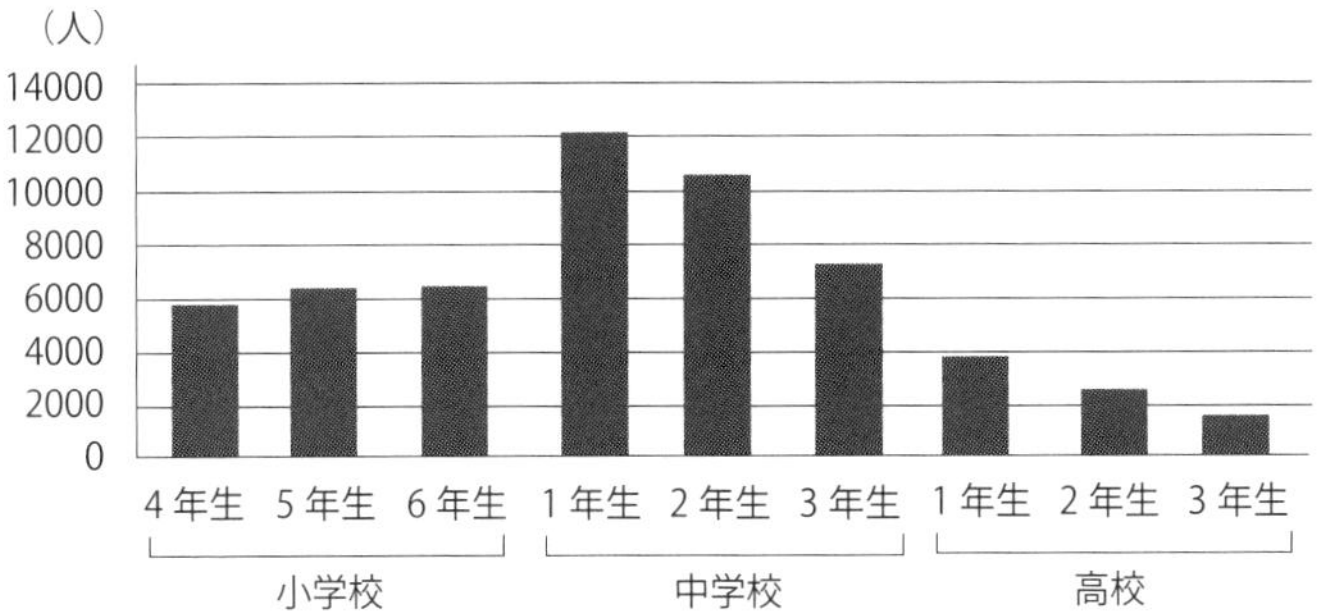

図6　学年別加害児童生徒数（文部科学省，2019）

りと見守ることが、思春期の育ちの支援の中核ということです。わかりやすくいえば「嵐が去るのを待つ」という作戦です。

もちろん、まるで傍観者のように何もしないで見ていればいいということではなく、支援ニーズに気づき、しっかりと向き合い、迷い・悩み・不安に寄り添い、ケアをしていくことで初めて安全を守ることができるので、待つということが手抜きでも楽をするということでもありません。そんなに危なっかしいのであれば、子どもの手を引いて出口まで導いてあげればいいのかもしれませんが、それでは次のステージに向けた成長はありません。安全と成長のバランスをとるとすれば、しっかりと見守りながら待つということになるわけです。

幸いなことに、思春期の問題行動の自然経過は全般的に良好で、おおむね中学2、3年生をピークにして、その後は減少していきます。たとえば、学校で暴力行為（対人暴力や器物損壊）を行った児童生徒数は、中学生になると急増します

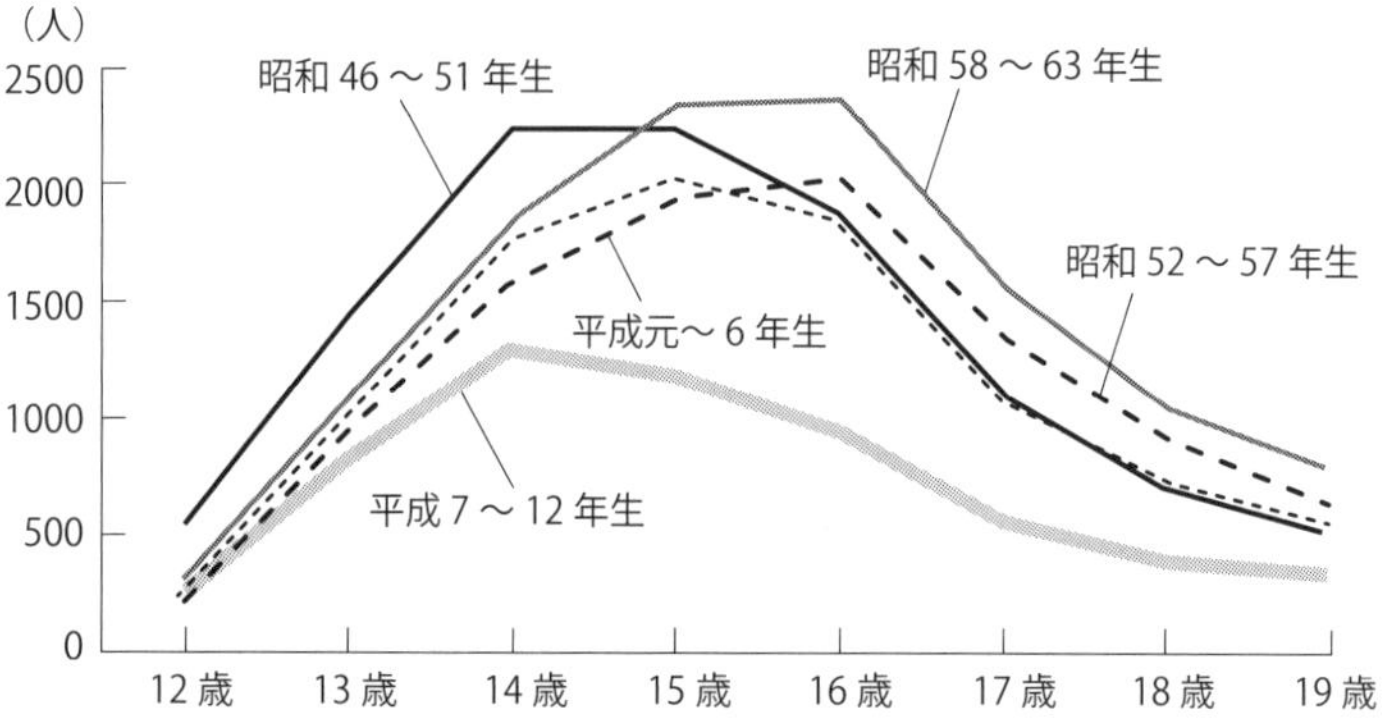

図７　少年による刑法犯非行少年率※の推移（世代別）（法務省, 2019）

※当時における各年齢の者 10 万人当たりの検挙（補導）人数

が、中学3年生以降は減少して、高校でも減少し続けます（前頁、図6）[16]。また、警察が刑法犯として検挙あるいは補導した非行少年の人数は年々減少していますが、いずれの世代でも検挙（補導）人員のピークは14～16歳で、17歳以降に減少が見られます（図7）[17]。これらのデータは思春期の問題行動の自然経過として、激しい問題行動も思春期の終わりとともに軽減していくことを示しています。

内在性の問題については、そもそも外からは見えにくい問題なので自然経過もわかりにくく安易に判断はできませんが、たとえば、代表的な内在性問題行動としての不登校については、中学校で急増して3年生で最大になりますが、高校になると約4分の1にまでに減少し、さらに年々減少し続けます。高校の場合は退学や転学があるので単純に中学校の不登校生徒数と比較することはできませんが、不登校生徒数と退学者数とを合計しても中学校の不登校生

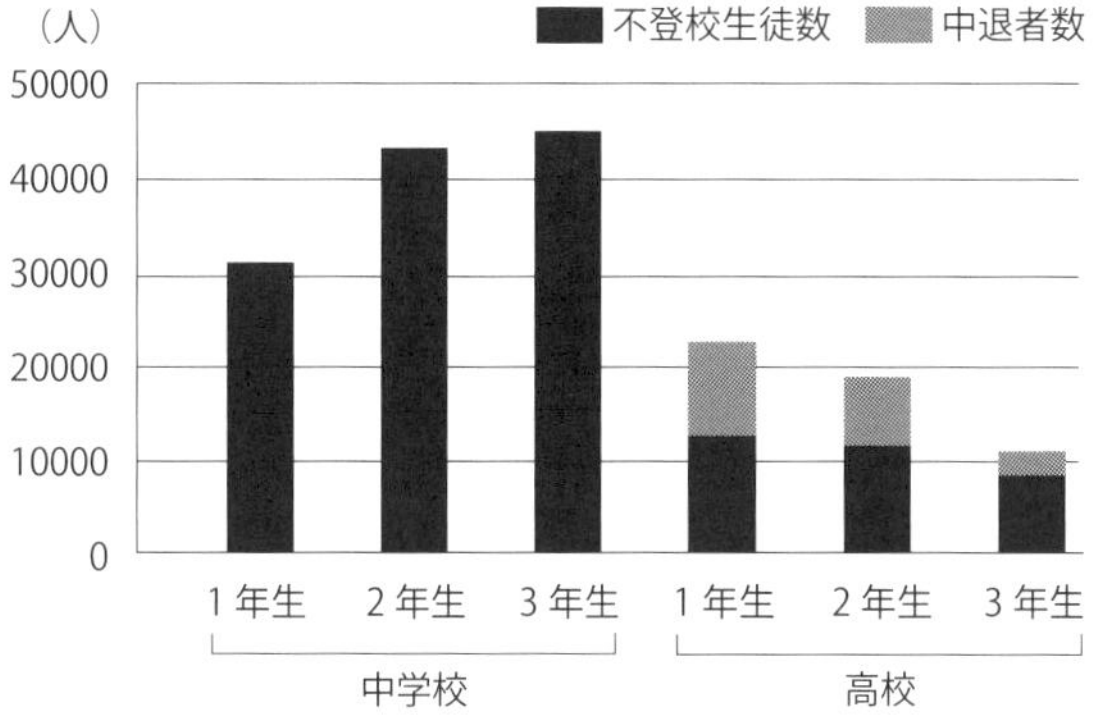

図８　学年別不登校生徒数（文部科学省, 2019）

徒数よりは大幅な減少が見られます（図８）[16]。その他にも高校に在籍せずに高等学校卒業程度認定試験で大学に進学するルートもあるので、学校適応に関する問題は高校では全般的に軽減されていくと推測できます。

問題行動の減少は、思春期の成長の結果であり、成熟による社会化と関連していると考えられます。社会化は小さいときからのしつけの最終的な目標ですが、どんなに口を酸っぱくして注意しても成熟が伴わなければ結果にはつながりません。社会化にはどうしても時間が必要で、それまでの間はリスクが伴います。どんなに厳しく指導したとしても、成熟の期間を短縮することはできません。嵐が去るのを

16　文部科学省（２０１９）『平成30年度　児童生徒の問題行動・不登校等生徒指導上の諸課題に関する調査結果について』

17　法務省（２０１９）「令和元年版　犯罪白書——平成の刑事政策——」

待つというのは、まさに成熟のための時間を待つという点でも自然な発達に逆らわない理にかなった戦略といえます。

2　目的地の大人

思春期の育ちの目的地はまぎれもなく大人になることです。思春期の育ちの過程では、さまざまな目標があり、それを達成することを目指して努力を続けますが、どんなに大きな目標であったとしても、それは大人に向かうまでの途中経過にすぎません。難関大学の合格も、全国大会での優勝も、とてもすばらしい努力の結果であり、大勢の人から祝福されて達成感に浸り、「生きていてよかった」と思うことでしょうが、まだ最終目的地ではありません。「この試合に勝つためだったら死んでもいい」と言っても、本当にそれが人生の最終目的地ではないことは言うまでもありません。

ただ、大人という目的地はあまりにも漠然としていてつかみどころがないので、「大人になる」というのは目標といえるようなものではなく、「オリンピックに出る」とか「ノーベル賞を取る」というような夢を持ったり、あるいはより現実的に医者や弁護士になるというような職業を目標にするほうがはるかにわかりやすいし、そのために何をすべきかも見えてくるので実体が伴うように思えます。それに比べて「大人になる」なんていう目標は間違ってはいないとしても当たり前すぎて、そんなことは目標にはならないと思われてもしかたないかもしれません。

それでも、思春期を生きているのは大人になるためであり、それ以外の何ものでもありません。大人にならなければ夢も希望する職業も実現することはありません。実際に、思春期の育ちはまざまなリスクが待ち受けるトンネルの中で出口の光を求めて進む道のりで、目的地はトンネルの先に待ち受ける世界です。トンネルを抜けたところが大人の世界ですが、実はそこから先の道はまだありません。可能性は無限にあっても、まだ具体的な生き方や職業や、もちろん経験も実績もありません。すべてはこれからで、そこはまさに大人としてのスタートラインです。

そんなことじゃダメだ、思春期の間にしっかりと目標を定めて、迷わずに進んでいかなければダメだ、と言う人もいるかもしれませんが、現在の社会は簡単に生き方を見つけられるほどわかりやすいものではありません。身分制度や世襲制度によって個人の自由がなかった伝統的な社会では、思春期は大人の世界と直接つながっていました。つまり、思春期のトンネルを出てもその先にしっかりと道がつながっていたので（というか、選択の余地がなかった）、さっそく大人の世界で生きていくしかありませんでしたが、今はまず道を見つけるところから始めなければならない時代になっています。

実際に、高校を卒業する18歳で親から独立して生きていくことは可能ではあっても、それが現代社会の標準ではありません。成年年齢が18歳になり、建前上は大人として認められたとしても、親も自立を期待したとしても、現実的には18歳での自立はあまりにも早すぎてリスクが高いと思うものです。かつては18歳になると「児童」ではなくなって児童養護施設を出て就職しなければならなかった社会的養護児童も、現在では大学等に進学することで22歳まで支援を受けられるようになったように、自立への準備期間が保障されるようになってきました。

また、高校でいったん進路を決めて大学や専門学校に進学しても、そのあとの生き方が具体的に決まるとはかぎりません。それなりに将来のことを考えて、さんざん迷った末に進路を決めたとしても、それはあくまでも暫定的な方針であり、まだしばらくは生き方の模索が続くことは珍しくありません。結局、本格的な大人への道は思春期のトンネルを出たところから始まるわけで、そうなるとトンネルの中、つまり思春期は大人になる準備というよりも大人への道のスタートを切るための準備期間ということになります。

トンネルを出てから未知の世界に踏み出すのは不安でいっぱいでしょうが、ここからはもう親に頼ることはできません。それでも大人への道を進んでいくとすれば、信頼できる水先案内人のような人がいたらとても助かります。それがメンターです。恩師、指導者、助言者、先輩――身近なところで背中を押してくれる人がいることで、具体的な目標とそのためにすべきことが見えてきて、前に進んでいくことができるようになります。それこそが思春期の育ちの仕上げの支援です。

大人という目的地へは一人だけでは進めません。メンターとの出会いでモチベーションが生まれ、勇気づけられることが大人へのスタートを切るためにはとても重要です。

3　育ちの支援から生きる力へ

思春期のトンネルを抜けたところは、親としての役割、つまり子育ての仕事が終わる区切りになります。子どもにとっては大人へのスタートラインですが、親にとってはひとまず子育てのゴールということになります。もちろん、まだ自立していないので一人だけで生きていけるわけではありません。物心両面からの親の援助は必要なので、親子の関係はこれからも続きますが、お互いの関係性が大きく変わる節目にはなります。

あくまでも意識の問題ではありますが、社会経済的に自立していなかったとしても、いつまでも子どもでいるわけではありません。すでに自分で考えて自分で行動し、それなりの責任感を自覚して、大人へのスタートラインに立った時点で、一人の独立した人間になっています。親のものでも誰のものでもない、一人の大人という存在です。親から見ればいつまでも子どもであることには変わりはありませんが、大人としてのスタートを切る時点で、親のほうがもう子どもではなく大人であると認めることはとても大切なことです。

とはいえ、大学進学や就職をきっかけに大人として認めたとしても、自宅から大学に通ったり仕事に行く生活をしていると、今までどおりに親の世話になっていて、それまでの親子関係が変わったようには見えないこともよくあります。理屈の上では親として大人になったわが子の世話をする責任も義務もないわけなので、そこにいるのは居候のような人物であり、あくまでも好意で面倒を見てやっているということになります。つまり、大人になったわが子の世話をし続けるとすれば、それはもはや親としての役割ではなく、まだ独り立ちはしていないけれど将来性に期待して援助しているパトロンであり、協力者ということなのです。さらに言えば、大人同士の関係ということです（キャリアの差は歴然としていますが）。

子どもであれば困ったときに助けを待っていればよかったかもしれませんが、大人は助けが必要であれば自ら助けを求めなければなりません。親や教師は子どもに対して、できないからといってあきらめてはいけない、頑張ってできるようになろう、と指導することばかりで、できないことを認めて助けを求めることをきちんと教えていません。しかし、誰の助けもなく何もかも一人でできる人はいません。思春期の成長は、できることが増えていくのと同時に、できないことを受け止めていくことも伴います。人それぞれに長所と短所、得意と不得意があり、できることで貢献し、できないことは助けてもらうことで、多様な人が支え合って社会はできています。

親への依存から独立して生きていくということは、助けを待っているのではなく、必要な助けを求めるスキルが必要になるということです。それこそが大人へのスタートの準備をする思春期に獲得すべきスキルなのです。必要なときには人に頼ってもいい――助けを求めるスキルこそがもっとも基本的な対処能力であり、それこそが「生きる力」です。

この生きる力の源泉は、思春期に親や大人からしてもらったこと、すなわち育ちの支援の体験です。大人に見守られケアされる体験で、子どもはリスクから守られると同時に、自分の存在が認められることで安心します。思春期の自意識の高まりの中で、何かと他者と比較してダメなところやできないことばかりに苦しみますが、そんなときに肯定的に見守られて、良いところだけでなく、できないところも含めて承認されることで、自分の存在を受け入れていくことができます。できないことがあってもいい、それを認めることで初めて助けを求めることができるようになります。

大人への反抗や反発、問題行動への対応で、ときには支援者と対立し緊張した状況になることもありますが、そんな大人との相互作用が、やがて思春期を巣立つときの生きる力につながっていきます。その意味では、たっぷり大人の手を煩わせたほうが得かもしれません。手のかからない良い子でいれば、せっかくの生きる力を獲得する機会を逃してしまいかねません。思春期の支援ニーズに対して、支援者としては汗をかけばかくほど子どもの生きる力になると思えば、今の苦労も報われるというものです。

4　ほどよい支援

ほどよい母親（good enough mother）——乳幼児の子育てについて、イギリスの児童精神科医ウィニコットはこう表現し、完璧な育児に没頭するのではなく、ほどほどが大事だと母親たちに語りかけました[18]。

思春期の育ちの支援も「ほどよい」がちょうどよく、必ずしもプロの「正しい」「効果的な」支援がベストとはかぎりません。自然な思春期の育ちには自然な支援が必要で、変にいじりすぎるものではありません。子どもの生き方はあくまでも子どもが決めることであり、大人が決めてあげるものではなく、ましてや強要するものでもありません。それを見守り応援するのが育ちの支援です。

危なっかしい育ちを放っておけない、一人で任せておけない、という大人の心配は過干渉につながり、子どもの生きる力を損なう危険があります。それはたいていは子どものことを心配しているというよりも、親や教師の要求や期待の独り歩きであり、大人側の不安にすぎません。しかし、大人がどんなに心配して、何とかしてあげようとしても、実際にできることは本当に限られています。どんなに献身的に支援したとしても、大人が子どもの人生を作り上げたり、試練を回避させることはできません。

2020年、新型コロナウイルス感染症（COVID‐19）のパンデミックによって、高校生は大きな試練を経験しました。インターハイや甲子園の高校野球などが中止になり、それまでずっと頑張ってきた目標が奪われました。高校生にとっては晴れの大舞台です。チャレンジする機会さえ失ったことのショックは想像に難くありません。この現実はどんな言葉でも慰めようがありません。

しかし、高校生はこれで人生が終わるわけではありません。これからも生きていかなければなりません。今起きたことはシナリオが変わったということです。いったん見つけた道が急に途切れてしまったけれど、そこからもう一度道を見つけ直して進んでいかなければならないということです。

人間万事塞翁が馬――人生の禍福は変転して定まりがない。そもそも不確かで不安定な思春期の育ちでは、予期せぬ出来事や期待どおりにならない経験が山ほどあります。そして思春期の出口を出てからの道のりには何が起きるかわからない不確定要素に満ち溢れています。シナリオを書いても、何度も書き換えが求められるものです。予定どおりにはいかないけれど、何が吉と出るかはわかりません。そもそも思春期は試行錯誤の時代であり、失敗体験は挫折ではなく、あくまでも試練であり、それもひとつの貴重な体験です。

18 ドナルド・W・ウィニコット（橋本雅雄訳 1979）『遊ぶことと現実』岩崎学術出版社

思春期の試練に対して大人の支援は無力かもしれません。子どもの育ちの支援の中で、支援者として何ができたのか、これでよかったのかと思うことはよくあります。何とか高校を卒業し、次のステージに進んでいくのを見届けることができたとしても、本当に独り立ちするのはまだまだ先のことです。支援の成果があったとしても、それが見えてくるのはずっと先のことなので、なかなかすっきりすることはありません。

よりよい支援のためには、支援の結果を評価して、それを次の支援に活かす必要がありますが、育ちの支援ではそれができません。そもそも子どもの成長に優劣をつけるものではなく、ましてや点数化して比較するようなものでもないので、支援の結果も判断のしようがありませんが、かといって1、2年の短期的な結果だけで評価できるものでもありません。途中経過で最終結果を推定できるほど人生は単純ではありません。

そうなると思春期の支援は「やりっぱなし」ということで無責任な感じになるかもしれません。しかし、大人がこれから大人になる若者を支えることが当たり前で自然な営みだとすれば、科学的に効果を検証したエビデンスが求められるものでもなく、まさに自然体でケアしていく「ほどよい支援」が基本でいいのではないでしょうか。

5　嵐が去って……

大人にしてみれば、あれほど心配し手を煩わされた思春期も、気がつけばあっけない幕切れのように過ぎ去り、それはまさに嵐が去ったというのがぴったりな感じがします。子どもの部屋の壁に開いた穴や壊れたリモコンなど、嵐の爪痕が家のあちこちに残っていることもありますが、何ごともなかったように日常生活が流れていくようになります。

当の本人にしても、思春期の終わりは卒業や受験のように達成感や区切りがあるわけでなく、「やっと思春期が終わった」とか「大人になった」と意識することもなく、それまでどおりに生きているように見えます。過ぎてしまえば、あの嵐のような日々は何だったのだろうと思うほど、あっけないように感じるものです。

過ぎてしまったことは蒸し返さないほうがいいのですが、結局のところ思春期の迷い・悩み・不安は解決していません。しかし、いつまでもそこにとどまっているわけにはいかないので、見切り発車のような形であっても大人に向けてスタートを切ってしまえば、もうあと戻りすることはできません。ただ、区切りをつけても思春期の迷い・悩み・不安が消えるわけではなく、とりあえず心の奥底にしまい込んで蓋をしただけにすぎません。しかし、この蓋を開けないかぎりは迷いの淵に戻ることはないので、とにかく前に向かって進んでいくことはできます。

支援者の役割も思春期の終わりとともに区切りをつけて、子どもは支援者のもとを巣立っていき、何ごともなかったかのように大人への道を進んでいきます。子どもとともに汗をかいた時間のことを思うと、少しもの寂しい感じもしますが、終わりを迎えることが最大の成果であり喜びだと割り切らなければなりません。

長らく支援に携わってくると、こんな経験をすることがあります。思春期のときにかかわっていた子どもが大人になって久しぶりに尋ねてきてくれたときに、「あのときの先生の言葉に救われました。今でも覚えています」と言われて、ちょっと嬉しくなることがあります。しかし、その言葉を言った本人は何を言ったのか忘れていて、なんだか申し訳ない気持ちになったりします。

たぶん、プロの支援者としてきちんとした技法に則った支援であったら、どんな対応をしたのか想像がつくはずですが、一人の大人として目の前の子どもに向き合って出てきたアドリブのような言葉はなかなか思い出せないのかもしれません。しかし、そんな素人っぽい自然なやりとりが、確かに成長の支えになるのだとすれば捨てたものではありません。百戦錬磨のプロの支援者ではなくても、ふつうの大人として、かつて思春期を生き抜いた先輩として、今思春期を生きている子どもの力になれるとすればすばらしいと思います。

大人としての思春期の育ちの支援は特別な能力や技術ではなく、自然な営みであり、さらには思春期の生態系の中に大人がしっかりと存在すること自体が支援的な要素になります。嵐が過ぎ去るまで、大人は思春期の育ちから手を引くことはできません。

あとがき

あらためて思春期はとても大変であり、同時に重要な時期だと思います。ただ、最近の若者たちが何となくこじんまりとおさまってしまい、大人社会に反旗を翻したり、世間を驚かすような大事件を起こしたりしないかぎり、「大変な思春期」という関心が年々低下していることが気になります。おとなしくなった高校生たちに対して、社会は「平和ボケ」してしまい、今や思春期は絶滅危惧種のごとく、いつの間にか社会問題の主要なテーマから姿を消してしまわないか真剣に心配になってきました。

わが国では１９８０年代に不登校（当時は「登校拒否」）が社会問題化する以前から、思春期の若者問題には大きな関心が向けられてきました。１９５０年代は若者の自殺が急増し、60年代の学生運動（高校紛争も含む）、70年代のスチューデント・アパシー（無気力症）とさまざまなタイプの問題が世間を騒がせ、その後も「フリーター」「社会的ひきこもり」、非行や少年犯罪など、若者の「生態」は常に社会の関心の的であり、社会学や心理学だけでなく、精神医学の世界でも「青年期（思春期）精神医学」が、思春期という独自の世界について、主に精神分析の理論に基づいて論じてきました。

しかし、話題性を失ったとしても、思春期がなくなったわけではなく、子どもたちが何ごともなく思春期を通過して大人になっていくようになったというわけでもありません。いつの時代も子どもから大人への移行は不確かで危険がいっぱいの茨の道で、迷路に迷い込んでしまえば永遠に出られなくなるようなリスクの高い試練であることには変わりありません。そんな不確かでリスクの高い思春期を生き抜くためには、見守りや支援は欠かせませんが、重要なことは、思春期の理解のしかたによって対応が大きく変わり、それがその後の人生を大きく左右する可能性があるということです。

最近では、思春期の問題が思春期の発達的特性と切り離されて「病名」で説明されることが増え、若者の「逸脱」や「異常」は軒並み「病気」や「障害」とされる傾向が強まっているように思います。今の若者たちが本当に病んでいるとすれば、専門的な治療や支援をさらに充実させる必要がありますが、もともと思春期の世界では当たり前のことが起きているだけであるとすれば、専門家でなくても、子どもたちの周りにいるごくふつうの大人たちの見守りや支援で十分に対応できることになります。

その分かれ目になるのは、思春期に対する認識の違いではないかと思います。そして、思春期の世界を知れば知るほど、そこで起きていることは自然なことであり、そのほとんどは特別な「治療」が必要なのではなく、ふつうの大人たちの自然なかかわりが大きな支援になることが見えてきます。そして、一人ひとりの大人が思春期の育ちを理解したうえで自分の役割を意識することができれば、若者たちが茨の道を進む間のセーフティネットは格段にしっかりするに違いない、という思いが本書の出発点でした。

時代の流れに苦言を漏らすようになったら年寄りの証拠で、そろそろリタイヤしたほうがいいのかもしれません。しかし、すでに35年の臨床経験を経てもなお、思春期の子どもたちの育ちの支援をめぐっては、迷いや悩みは消えることはなく、己の無力から不安に苛まれることから逃れることができないままでいます。思春期の問題に向き合うかぎり、何歳になっても子どもたちと一緒に迷い、悩み、不安になるのは宿命なのかもしれません。立場や役割は少しずつ変わりながらも、若者たちの育ちを見守る大人の一人として、これからも思春期の生態系に参加し続けることになりそうです。

思春期についての一般向けの書籍として、2016年に『思春期の子どもと親の関係性――愛着が導く子育てのゴール』を出版して以来、『思春期の育ちと高校教育――なぜみんな高校へ行くんだろう?』(2018年)、『思春期を生きる――高校生、迷っていい、悩んでいい、不安でいい』(2019年)と続き、とうとう4作目を世に出すことになりました。次から次へと思春期をめぐる新たな課題やテーマが出てきてしまうのも、私自身の迷い・悩み・不安の所産なのかもしれません。それでも、いくつもの切り口から平面的ではなく立体的にとらえていくことで、多様かつダイナミックな思春期の理解が進み、支援にも役立つのではないかと思っています。読者の皆様には、是非とも前作も合わせてお読みいただくことで、思春期の育ちへの理解を深めていただければと思います。

最後になりましたが、本書の企画、編集、出版には、これまでの3作と同様に福村出版の宮下基幸社長に大変お世話になりました。思いつきのような私の企画に真剣に耳を傾けてくださり、折に触れて励ましていただくことで、迷路に迷い込むことなく、刊行までたどり着くことができました。ここにあらためて心より感謝申し上げます。

2020年10月

小野善郎

【著者紹介】

小野善郎（おの・よしろう）

略歴：1959年愛知県生まれ。

和歌山県立医科大学卒業。同附属病院研修医、ひだか病院精神科医員、和歌山県立医科大学助手、和歌山県子ども・女性・障害者相談センター総括専門員、宮城県子ども総合センター技術次長、宮城県精神保健福祉センター所長を歴任。

現在：2010年4月より和歌山県精神保健福祉センター所長。精神保健指定医、日本精神神経学会精神科専門医、日本児童青年精神医学会認定医、子どものこころ専門医。

主著（近刊）：『子育ての村ができた！　発達支援、家族支援、共に生きるために』（2020年）、『思春期を生きる』（2019年）、『思春期の育ちと高校教育』（2018年）、『思春期の子どもと親の関係性』（2016年）、『続・移行支援としての高校教育』（2016年）、『思春期の親子関係を取り戻す』（2014年）、『移行支援としての高校教育』（2012年）いずれも福村出版、『児童虐待対応と「子どもの意見表明権」』（2019年）、『ラター 児童青年精神医学【原書第6版】』（2018年）いずれも明石書店、ほか多数。

思春期の謎めいた生態の理解と育ちの支援
心配ごと・困りごとから支援ニーズへの展開—親・大人にできること

2020年 10月 15日　初版第1刷発行

著　者　小 野 善 郎
発行者　宮 下 基 幸
発行所　福村出版株式会社
〒113-0034　東京都文京区湯島 2-14-11
電話　03-5812-9702　FAX　03-5812-9705
https://www.fukumura.co.jp

カバーイラスト　はんざわのりこ
装　丁　臼井弘志（公和図書デザイン室）
印刷・製本　中央精版印刷株式会社

© Y. Ono 2020 ISBN978-4-571-24086-7 C0011　Printed in Japan
落丁・乱丁本はお取替えいたします。　定価はカバーに表示してあります。

福村出版◆好評図書

小野善郎 著
思春期を生きる
●高校生，迷っていい，悩んでいい，不安でいい
◎1,600円　ISBN978-4-571-23060-8　C0011
迷い，悩み，不安のたえない思春期をどう乗り切る？　中高生と親たちに贈る，大人への道を進むためのガイド。

小野善郎 著
思春期の育ちと高校教育
●なぜみんな高校へ行くんだろう？
◎1,600円　ISBN978-4-571-10182-3　C0037
思春期の子育てに必要不可欠な「居場所」とは何か。情熱に満ちた理論で子どもたちの未来を明るく照らす一冊！

小野善郎 著
思春期の子どもと親の関係性
●愛着が導く子育てのゴール
◎1,600円　ISBN978-4-571-24060-7　C0011
友だち関係にのめり込みやすい思春期の子育てにこそ，親への「愛着」が重要であることをやさしく解説。

G.ニューフェルド・G.マテ 著／小野善郎・関 久美子 訳
思春期の親子関係を取り戻す
●子どもの心を引き寄せる「愛着脳」
◎3,000円　ISBN978-4-571-24053-9　C0011
思春期を迎えて不安定な子どもの心が親から離れないようにつなぎ止める力，「愛着」の役割と必要性を説く。

小野善郎・保坂 亨 編著
移行支援としての高校教育
●思春期の発達支援からみた高校教育改革への提言
◎3,500円　ISBN978-4-571-10161-8　C3037
思春期・青年期から成人への移行期を発達精神病理学的に理解し，移行支援としての高校教育を考察する。

小野善郎・保坂 亨 編著
続・移行支援としての高校教育
●大人への移行に向けた「学び」のプロセス
◎3,500円　ISBN978-4-571-10176-2　C3037
子どもから大人への移行期にあたる高校生の「学び」に着目。何をどう学ぶのか，高校教育の本質を考える。

北川聡子・小野善郎 編
子育ての村ができた！
発達支援，家族支援，共に生きるために
●向き合って，寄り添って，むぎのこ37年の軌跡
◎1,800円　ISBN978-4-571-42075-7　C3036
障害や困り感のある子どもと家族をどう支えるのか，むぎのこ式子育て支援の実践からこれからの福祉を考える。

◎価格は本体価格です。